Alfred Bohner

Wallfahrt zu Zweien

Die 88 Heiligen Stätten von Shikoku

Herausgegeben und kommentiert von David C. Moreton

EUROPÄISCHER
HOCH
SCHUL
VERLAG

Bohner, Alfred

Wallfahrt zu Zweien

Die 88 Heiligen Stätten von Shikoku

Herausgegeben und kommentiert von David C. Moreton

ISBN: 978-3-86741-603-0

Auflage: 1
Erscheinungsjahr: 2010
Erscheinungsort: Bremen, Deutschland

Bei diesem Titel handelt es sich um den Nachdruck eines historischen, lange vergriffenen Buches aus dem Jahr 1931. Da elektronische Druckvorlagen für diese Titel nicht existieren, musste auf alte Vorlagen zurückgegriffen werden. Hieraus zwangsläufig resultierende Qualitätsverluste bitten wir zu entschuldigen.

Alfred Bohner

Wallfahrt zu Zweien

Die 88 Heiligen Stätten von Shikoku

Herausgegeben und kommentiert von David C. Moreton

EUROPÄISCHER
HOCH
SCHUL
VERLAG

Geleitwort des Herausgebers

Ein im Zusammenhang mit dem Shikoku-Pilger-pfad wichtiger Begriff ist das *dōgyō ninin*. Alfred Bohner beschreibt es als „‚Zwei Weggenossen', Inschrift auf Zettel, Stock usw. des Pilgers, um darzustellen, dass man die Wallfahrt mit dem Daishi zusammen macht." *Daishi* bezieht sich dabei auf Kūkai (Kōbō Daishi, 774-835), den Begründer der buddhistischen Shingon-Sekte und eine der bekanntesten und höchst respektierten Figuren der japanischen Geschichte. (Sein Leben und seine Hinterlassenschaft werden in Abschnitt A des Buches beschrieben.) Alfred Bohners Titel „Wallfahrt zu Zweien" ist somit meiner Vermutung nach nicht im wörtlichen Sinne – zwei Menschen auf einer Pilgerreise – zu verstehen, sondern als eine Übersetzung des *dōgyō ninin*.

Alfred Bohners Originaltext aus dem Jahr 1931 wurde für heutige deutschsprachige Leser weder bearbeitet noch verändert. In der Bibliographie wurden lediglich die Schriftzeichen in den japanischen Titeln entfernt.

David C. Moreton
http://www.davidmoreton.com
Shikoku Japan 88 Route Guide (2009)
A Journey of the Soul – The Shikoku Pilgrimage and its 88 Temples (2008)

I

Vorwort

Zum ersten Mal hörte ich 1999 während meines Studiums an der University of British Columbia in Vancouver, Kanada, von Alfred Bohners Buch. Damals schrieb ich gerade meine Abschlussarbeit über die Geschichte wohltätigen Spendens entlang des Shikoku-Pilgerweges. Glücklicherweise gab es in der Universitätsbibliothek eine Ausgabe des Buches, und ich bat einige deutsche Freunde darum, mir Teile daraus zu übersetzen. Es faszinierte mich, dass ein Europäer 1927 die Wallfahrt gemacht und vier Jahre später ein ausführliches und umfassendes Buch über seine Erfahrungen und die Geschichte der Pilgerreise veröffentlicht hatte. Ich war sehr begierig darauf, weitere Teile des Buches zu lesen, aber es sollte noch zehn weitere Jahre dauern, bis ich jemanden fand, den ich um die nahezu vollständige Übersetzung des gesamten Textes bitten konnte.

Im Herbst 2006 sprach ich mit einem Paar aus der Schweiz, das nach Shikoku gekommen war, um die Pilgerfahrt zu machen, über Alfred Bohner. Nach ihrer Rückkehr wollten beide versuchen, die Verwandten Bohners in Deutschland ausfindig zu machen. Bei ihrer Suche stießen sie auf Alfreds Tochter Hanna (1923 -) und nahmen Kontakt zu ihr auf. Tatsächlich waren sie so freundlich und besuchten Hanna in meinem Namen. Seitdem tausche ich mich mit ihr über ihren Vater, sein Leben in Japan und seine Shikoku-Pilgerreise regelmäßig aus. Ich möchte mich herzlich bei Hanna für ihre Erlaubnis zur Wiederveröffentlichung des Buches bedanken, denn nun kann es endlich einem größeren Publikum zugänglich gemacht werden.

Einleitung

Bohners Buch ist über die Pilgerreise ist relativ unbekannt und weltweit nur noch selten zu finden. Darüber hinaus wird es auch in anderen Veröffentlichungen über ihn nur vereinzelt erwähnt. So findet sich beispielsweise die erste Erwähnung in einem japanischen Buch von 1939, *Henro to Jinsei* (deutsch etwa „Der Pilger und das Leben"), von Takamure Itsue. Sie schrieb, „unter den Fremden (die die Shikoku-Wallfahrt machen wollen) befinden sich der Amerikaner Dr. Starr[1] und der Deutsche Alfred Bohner. Dieser war zuvor Lehrer an der Schule in Matsuyama und hat das Buch ‚Wallfahrt zu Zweien' geschrieben." 1983, also 44 Jahre später, wird in Oliver Statlers[2] Buch *Japanese Pilgrimage* vier Mal auf Bohners Werk verwiesen. So schreibt er z. B.: „Der Deutsche Bohner unterrichtete in Matsuyama; 1927 unternahm er die Wallfahrt und schrieb ein Buch darüber." Im *Nanzan Guide to Japanese Religions* von 2006 schreiben die Autoren „im Westen veröffentlichte Alfred Bohner die erste Untersuchung über die Wallfahrt 1931 in deutscher Sprache." Dies sind die wenigen Verweise, die über Bohner und sein Buch zu finden sind. Wer ist Alfred Bohner? Was für

---

[1] Frederick Starr (1858-1933) war Professor für Anthropologie an der Universität von Chicago und absolvierte 1917 die halbe Strecke der Route und 1921 die gesamte Pilgerfahrt. Zwischen 1904 und 1933 besuchte er Japan 15 Mal. Er ist in Gotemba am Fuße des Fuji begraben.

[2] Professor an der Universität von Hawaii (1915-2002).

ein Mensch war er? Was ist seine persönliche Geschichte?

Lebensgeschichte

Alfred Bohner wurde am 11. April 1894 in Accra in Ghana geboren, wohin sein Vater Heinrich Bohner als Missionar der Basler Mission, einer schweizerischen evangelischen Organisation, entsendet worden war. Alfred war das jüngste von 13 Kindern und studierte in München und Würzburg. Während des Ersten Weltkriegs arbeitete er als Privatlehrer bei einer Familie in Algier. Er wurde inhaftiert und verbrachte daraufhin vier Jahre als Kriegsgefangener in einem Gefangenenlager auf Korsika.

Da er nach dem Krieg in Deutschland keine Arbeit finden konnte, vermittelte ihm sein Bruder Hermann[1] 1921 eine Stelle als Lehrer für Deutsch und Musik an der Schule von Matsuyama, die er von 1922 bis 1928

---

[1] Herrmann Bohner (1884-1963) diente im Ersten Weltkrieg in der deutschen Marine und wurde von japanischen Truppen in China festgenommen und daraufhin fünf Jahre in verschiedenen Kriegsgefangenenlagern interniert, zunächst in Matsuyama (Präfektur Ehime), dann in Bando (Naruto, Präfektur Tokushima). Nach dem Krieg blieb er in Japan und unterrichtete bis zu seinem Tod 1963 in unterschiedlichen Orten, u. a. in Osaka, wo er auch begraben ist. Hermann Bohner veröffentlichte viele Aufsätze über japanische Themen. Eine Broschüre mit dem Titel „Hermann Bohner – Arbeiten und Veröffentlichungen betreffend Ostasien", die 1955 von der Universität für Auslandsstudien in Osaka veröffentlicht wurde, gibt eine Übersicht über seine Schriften.

V

bekleidete. Nachdem feststand, dass Alfred nach Japan gehen würde, heiratete er am 6. Juli 1923 seine Frau Cornelia, und im selben Jahr wurde seine Tochter Hanna geboren.[1] Während des Aufenthaltes in Japan lehrte Alfred auch an der Marinekadettenschule in Hiroshima. Da er aufgrund seines hohen Arbeitspensums seine Frau, die Schwierigkeiten mit dem Leben und dem Klima in Japan hatte, zu oft allein ließ, brachte er Ende 1926 Cornelia und Hanna mit der Transsibirischen Eisenbahn zurück nach Deutschland, wo sie Anfang 1927 ankamen. Alfred kehrte nach Japan zurück, um seinen Arbeitsvertrag, der bis 1928 lief, zu erfüllen. Zwischen Juli und August 1927 fand er dennoch Zeit, sich auf die Shikoku-Wallfahrt zu begeben, und es gelang ihm durch die Benutzung von Zügen und Automobilen, die gesamte Strecke in drei Wochen zu bewältigen.

Im Herbst 1927 hielt Alfred vor der Deutschen Gesellschaft für Natur- und Völkerkunde Ostasiens in Tokio einen Vortrag über seine Shikoku-Pilgerfahrt.

---

1   Alfred und Cornelia hatten noch zwei weitere Kinder: Hedwig (1929 -) und Hermann (1935 -). Hanna ist das einzige der drei Kinder, das jemals in Japan gewesen ist. 1983 hatte sie einen Besuch mit ihrem Cousin Heinrich geplant, der aber aufgrund einer Erkrankung abgesagt werden musste. Heinrich ist der Sohn von Gottlob (1888-1963), eines von Alfreds jüngeren Brüdern, der drei Jahre von 1925 bis 1928 in der Präfektur Kochi auf der Insel Shikoku unterrichtete. 1927 schrieb Gottlob das Buch „Ein Jahr in Japan", in dem er seine Erfahrungen aus dem ersten Jahr schilderte. Eher beiläufig erwähnte er die Shikoku-Wallfahrtsroute und die Pilger, die er am Tempel in der Nähe seines Hauses beobachtete.

Das Publikum fand seine Erzählungen sehr interessant und schlug vor, dass er seine Erfahrungen und Forschungsergebnisse veröffentlichen sollte. Bohner erweiterte sein Manuskript und fügte weiteres Hintergrundmaterial ein, und 1931 wurde der Text in Tokio unter dem Titel „Wallfahrt zu Zweien – Die 88 heiligen Stätten von Shikoku" veröffentlicht.

Im März 1928 kehrte Alfred nach Deutschland zurück und hielt mehrere Vorträge über Japan und Shikoku. 1940 nutzte er seine Veröffentlichung zur Erlangung der Doktorwürde an der Universität Bonn. Während des Zweiten Weltkrieges diente er bei der deutschen Luftwaffe als Übersetzer und befasste sich überwiegend mit englisch- und französischsprachigen Gefangenen. Gegen Ende des Krieges wurde er gefangen genommen und in französischen und britischen Kriegsgefangenenlagern inhaftiert. Leider wurde sein gesamter Besitz, einschließlich seiner Sammlung japanischer Schriftrollen und Dokumente über Japan, Shikoku und die Pilgerroute, von amerikanischen Soldaten beschlagnahmt und niemals zurückgegeben (vgl. Anmerkung am Ende der Einleitung).

Alfred blieb Japan bis zu seinem Tod 1954 eng verbunden.

Foto von Alfred Bohner aus dem Album der Schule in Matsuyama[1]

---

[1] Matsuyama Dosokai (Hrsg.), *Shashin-shu, Gyōun Komuru*. Matsuyama Kotogakko Soritsu 70shunen kinen, Matsuyama, 1990. S. 122.

Als Lehrer

Wie war Bohner als Mensch und als Lehrer? Kommentare einiger seiner früheren Schüler finden sich in einer Veröffentlichung von 1984 anlässlich des 65-jährigen Jubiläums der Gründung der Schule von Matsuyama.[1] Hier sind einige der Bemerkungen:

1. „Bohner war sehr offenherzig und aufgeschlossen ... Er lebte in einem Haus nahe der Schule und zog sich immer die Schuhe aus, weil es *tatami*-Zimmer waren. Er lachte und sagte, dass die westliche Sitte, Räume mit Schuhen zu betreten, schmutzig sei ... Während des Sommers verbrachte er einige Zeit in Ashiya."

2. „Der Deutsche Bohner hat sich für seinen Unterricht in den Klassen viele Sachen überlegt. Es fand ein Sporttag statt, und obwohl Bohner ein wenig pummelig war, gab er nicht auf und beendete seinen Lauf. Ich dachte, ‚So ist also ein Deutscher.' Er erzählte, dass er während des Ersten Weltkriegs Kriegsgefangener gewesen sei ... Er war ein sehr gewissenhafter Lehrer. Er kaufte und las die staatlich genehmigten Lehrbücher. Allmählich verbesserten sich seine Fähigkeiten, japanisch zu lesen."

---

[1] Matsuyama Kotogakko Dosokai. (Hrsg.) *Matsuyama Kotogakko Soritsu 65nen shunen kinen. Shinzenbi.* (Matsuyama: Kanyokamiten, 1984).

3. „Die deutschen Volkslieder, die er sang, waren wunderschön ... Sein anfänglich bruchstückhaftes Japanisch ist unvergesslich, aber später hatte sich Bohner daran gewöhnt und wenn ich ihn traf, hatte er immer ein Buch dabei, das er las, während er auf dem Schulgelände herumlief ... Als wir noch Schüler waren, kehrte er für eine kurze Zeit nach Deutschland zurück. Zu dieser Zeit erschien in der *Nankai Shimbun*-Zeitung ein Artikel mit seinen Abschiedsworte, die er selbst in meisterlicher Weise geschrieben hatte ... Bohners wahrer Charakter, wie wir ihn sahen, zeigte ein großes Talent für die Vermittlung seiner Muttersprache, Deutsch ... Es gibt nur wenig Leute, die eine spezielle Begabung haben, ihre Muttersprache zu lehren, und ich habe nie wieder in meinem Leben einen Lehrer wie ihn kennengelernt."

Sein Buch über den Pilgerpfad

Der Inhalt des Buches wird sehr gut in einer Reklame von 1930 dargestellt, die sein Buch anpreist, daher möchte ich diese Anzeige hier wiedergeben:

„Die vorliegende Arbeit ist der erste Versuch, eine zusammenfassende wissenschaftliche Darstellung des Wallfahrtslebens zu geben, wie es heute noch in dem japanischen Volksleben eine nicht zu unterschätzende Stellung einnimmt. Die „88 heiligen Stätten von Shikoku" liegen an einer über 1200 km langen Wallfahrtsstraße, die der Verfasser im Jahre 1927 als erster Europäer ganz zurücklegte, wobei er wiederholt in Tempeln und „Holzgeldherbergen" die einfache Nahrung und Schlafstatt der Pilger teilte.

Das Buch zerfällt in vier Abschnitte, einen historischen und drei beschreibende. Der historische Teil beschäftigt sich hauptsächlich mit dem geistigen Urheber der Wallfahrt, Kūkai (Kōbō Daishi), dem Patriarchen der Shingonsekte, sowie mit der Frage der Entstehung der Wallfahrt.

Der zweite Teil befasst sich mit den Tempeln, ihrer Verteilung auf die vier Provinzen der Insel, deren Eigenarten bei dieser Gelegenheit treffend charakterisiert werden, und mit den in ihnen verehrten Gottheiten. Hierbei wird auch die Frage des Ryobu Shinto eingehend erörtert. Den Pilger selbst hat der dritte Teil zum Gegenstand, doch begnügt sich der Verfasser auch hier nicht mit einer einfachen Beschreibung des Pilgers und seiner Ausrüstung, sondern sucht auch in die Beweggründe, die zur Wallfahrt treiben, hineinzuleuchten. Der vierte Abschnitt, der die eigentliche Fahrt schildert, gibt dem Verfasser Gelegenheit, in größerem Maße seine persönlichen Erfahrungen vorzubringen, daneben enthält er aber auch interessante Einzelheiten über die Pilgerregel, die Gebete und Opfer und die in diesem Ausmaße auf der ganzen Welt wohl einzig dastehende Sitte des „Settai".

Ein abschließendes Kapitel liefert den überraschenden Nachweis, dass die Wallfahrt auf Shikoku in steigendem Maße dazu beiträgt, die in ihrem Wesen magische, jeden Mittlerglauben ablehnende Shingonlehre in der volkstümlichen Auffassung zu einem Mittlerglauben umzugestalten. Kōbō Daishi nimmt mehr und mehr den Charakter eines Mittlers an, zu dem man betet und durch den man zur Buddhaschaft noch in diesem Leibe gelangt. Eine wertvolle Ergänzung des Buches bilden die zahlreichen Abbildungen nach Aufnahmen des Verfassers, sowie der Anhang und ein ausführlicher Literaturnachweis."

Anmerkung

Die einzigen Dinge, die Familie Bohner im Zusammenhang mit der Pilgerreise von Alfred noch besitzt, sind einige Namenskarten aus Papier (*osamefuda*, s. Abb.) sowie ein *osamefuda*-Kästen (s. Fotos folgende Seite). Ein komplettes Kärtchen mit seinem japanischen Namen, „Arufureddo Boneru", und seiner Adresse in Matsuyama befindet sich unter den Abbildungen im Anhang des Buches (s. 85 C).

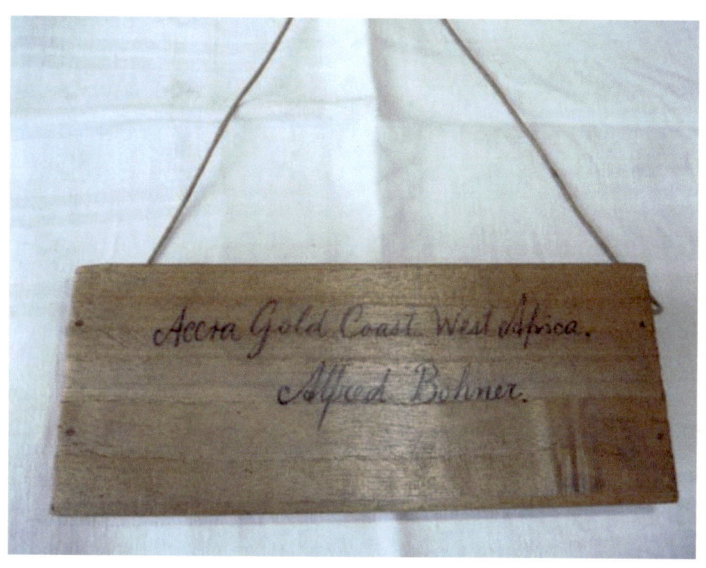

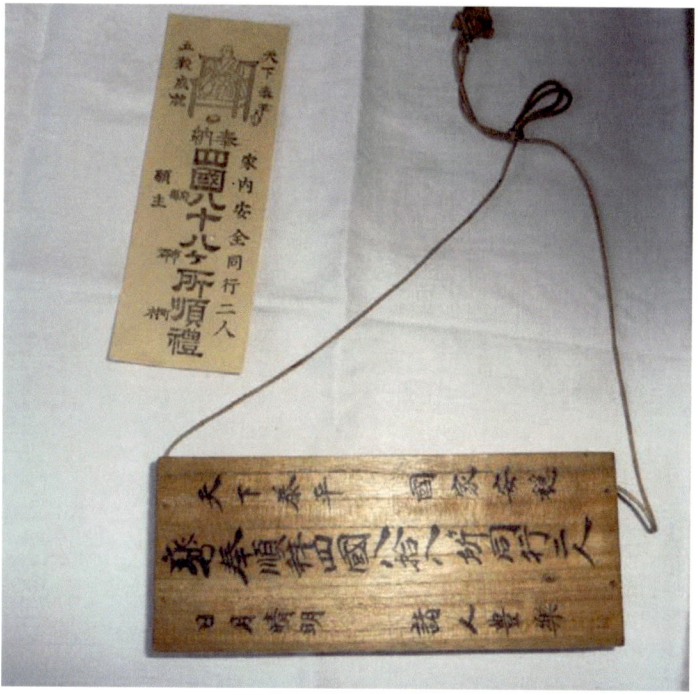

XIII

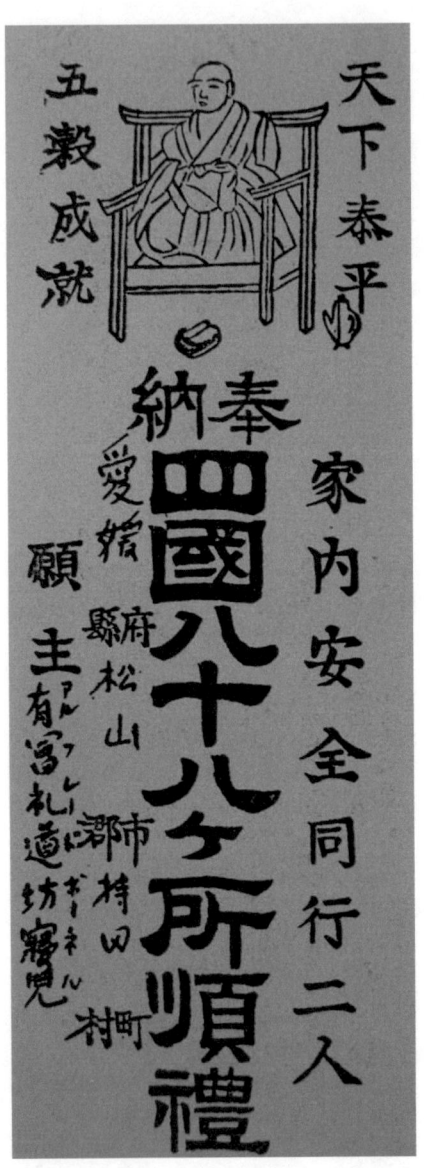

WALLFAHRT ZU ZWEIEN

DIE 88 HEILIGEN STÄTTEN VON SHIKOKU

VON

ALFRED BOHNER

Illustration aus dem Buche Shikokudo Shi-nan; zwei Pilger
(Mann und Frau) und ein Lastträger.

Vorwort

Den ersten Anstoß zu der Abfassung der vorliegenden Arbeit gab ein Vortrag, den der Verfasser im letzten Spätherbst vor der Gesellschaft für Natur- und Völkerkunde Ostasiens in Tôkyô halten durfte. Als sich der Verfasser einer freundlichen Aufforderung des Vorstandes gemäß ans Werk machte, um den Vortrag für den Druck zur Niederschrift zu bringen, floß ihm nach und nach eine solche Fülle des Materials zu, daß er Mühe hatte alles zu bewältigen, zumal der Wunsch, das Buch nicht zu umfangreich werden zu lassen, große Beschränkung auferlegte. Manches mag daher von dem Leser, insbesondere von dem, der Shikoku kennt, vermißt werden, wie ja auch von den zur Verfügung stehenden Bildern kaum ein Drittel Aufnahme finden konnte. Der Raummangel war auch maßgebend, wenn der Verfasser auf eine ins einzelne gehende Beschreibung jedes Tempels und seiner Geschichte verzichtete und sich damit begnügte, neben einer allgemeinen Schilderung des Pilgerweges und der Anlage der Tempel im Anhang eine Liste der 88 Wallfahrtsstätten zu geben. Aus demselben Grunde unterblieb auch die ursprünglich für den Anhang vorgesehene Zusammenstellung der in Shikoku umlaufenden, auf Kôbô Daishi bezüglichen Sagen und Legenden sowie die Schilderung einiger Feiern wie Gomashugyô, Kaichô und Fuda-nagashi.

Der Verfasser bedauert sehr, daß es ihm sowohl an einer entsprechenden allgemeinen theologischen Vorbildung wie auch an einer eingehenden Kenntnis des Shingon fehlt, ohne die man den religiösen Fragen, deren Berührung sich in dem Buche nicht vermeiden ließ, nicht gerecht werden kann, und er empfindet diese Lücke um so schmerzlicher, als ihm unter dem frischen Eindruck von Wittes „Japan zwischen zwei Kulturen" erneut zum Bewußtsein gekommen ist, wie wichtig das Verständnis des religiösen Japan für das Allgemeinverständnis dieses Landes ist. Er mußte sich daher mehrfach damit zufriedengeben, nach dem lebendigen persönlichen Eindruck zu urteilen und sich eine allen wissenschaftlichen Ansprüchen genügende Begründung versagen.

Um so dankbarer erkennt er die Unterstützung an, die seiner Arbeit von den verschiedensten Seiten her zuteil wurde. Seine Kollegen an der Matsuyama Kôtôgakkô, die Herren Professoren Suzuki Eiichirô, Uchida Shinya, Ôe Bunjô, Shigematsu Ai (jetzt an der Universität Fukuoka), Ide Junjirô und Kitagawa Junichirô, wurden es nie überdrüssig, ihm auf seine mannigfaltigen Fragen Auskunft zu geben, während Herr Prof. Kageura Chokkô und die Herren Saionji Gentô, Soga Tan und Kan Kikutarô von der historischen Gesellschaft von Iyo (Iyo Shidankai) ihm in der entgegenkommendsten Weise ihr reiches Material zur Verfügung stellten. Ferner erwies sich Herr Ishioka Shigehiro aus dem Daionji zu Tachibana von der Beschaffung der Pilgerausrüstung an bis zum Abschluß des Manuskriptes durch alle Phasen der Arbeit hindurch als ein treuer Beistand, und auch von einigen Priestern der 88 Tempel empfing der Verfasser manche Förderung, nicht zuletzt von Herrn Tanshôya Ryûdô, dem Abt des Hantaji (Nr. 50) bei Matsuyama. Ihnen allen sei an dieser Stelle gedankt, desgleichen Herrn Dr. W. Gundert und Herrn Kurt Meißner in Tôkyô für das freundliche Interesse, das sie für diese Arbeit bekundeten, dem letzteren auch für die Überlassung einer Photographie.

Heute jährt sich der Tag, an dem der Verfasser von der Wallfahrt zurückkehrte. Persönliche Verhältnisse haben ihn gezwungen, im März dieses Jahres der ihm liebgewordenen Vierländerinsel Lebewohl zu sagen und nach Deutschland zurückzukehren. Er bittet jedoch, das Buch als ein Versprechen gelten zu lassen, daß er auch in der Heimat an der Verständigung zwischen Ost und West weiterarbeiten wird, und als den Ausdruck seiner Hoffnung, in späteren Jahren wieder einmal auf sein altes Arbeitsfeld zurückzukehren.

Mittelberg im Walsertal, den 5. August 1928.
(Vorarlberg)
Alfred Bohner.

Inhaltsübersicht

Einleitung

DIE SHIKOKU-WALLFAHRT, EIN NATIONALES JAPANISCHES PHÄNOMEN

Seit alter Zeit gibt es in Japan zahlreiche buddhistische Wallfahrtsstraßen. Die Sitte der Wallfahrt, ursprünglich in Indien, der Heimat des Buddhismus, entstanden, wo bald nach Gautamas Tode eine Wallfahrt zu acht, später zu zehn Tempeln entstand, welche durch Gautamas Beziehungen zu den betreffenden Stätten oder durch seine Asche besondere Bedeutung besaßen, kam von dort schon frühe nach China, wo man sie mit dem Namen Chin-hsiang (jap. Shinkô = Weihrauchdarbietung) belegte. Bei der Einführung des Buddhismus in Japan wurde dann diese religiöse Übung mit übernommen. Wenn sich auch das Jahr oder Jahrzehnt nicht genau festlegen läßt, so steht doch außer Zweifel, daß die älteste japanische Pilgerstraße, die zu den sieben großen Tempeln der südlichen Hauptstadt (Nanto Shichidaiji), um die Mitte der Heianperiode (ca. 1000 n. Chr.) bereits bestand; denn damals schon pflegten die Einwohner von Kyôto, wenn sie die Wallfahrt nicht machen konnten, statt dessen zu den sieben Kwannontempeln von Rokujizô (Rokujizô Shichikwannon) zwischen Kyôto und Ôtsu zu pilgern.

Unter den Wallfahrtsstraßen, die sich bis heute einen besonderen Namen erhalten haben, kann man als die bedeutendsten die 33 Tempel von Bandô (Bandô Sanjûsankasho), die 34 Tempel von Chichibu (Chichibu Sanjûshikasho), die 33 Kwannontempel von Saikoku (Saikoku Sanjûsankasho) und die 88 Heiligen Stätten von Shikoku (Shikoku Hachijûhakkasho Reijo) bezeichnen. Keine von den genannten wie auch von den übrigen nicht angeführten Wallfahrten hat jedoch eine solche Bedeutung für das japanische Volksleben gewonnen, ist in gleichem Maße zu einem nationalen Phänomen geworden wie die Pilgerstraße auf Shiko-ku. Während diese im ganzen Lande weit und breit bekannt ist und schon in der Periode Kan-ei (1624–43) durch 88 Tempel in Tôkyô und Umgebung eine Art Nachbildung erfuhr, wie man sie heute in zahlreichen Provinzen antreffen kann, konnte mir lange niemand über die Wallfahrtsstraße von Bandô Aufschluß geben, ich an dem Rinnôji in Nikkô die Inschrift fand, daß er der 17. der Bandôtempel sei. Froh, die gewünschte Auskunft endlich erlangen zu können, wandte ich mich an die Stelle, wo die Schreiber saßen. Aber es ist Tatsache, daß keiner der vier Akolyten, die gerade an-wesend waren, mir angeben konnte, wo die übrigen Tempel sich befänden; nicht einmal Lage und Namen der in der Reihenfolge zunächst stehenden Tempel waren ihnen bekannt. Das einzige, was ich heraus-bringen konnte, war, daß die ersten Tempel in Tôkyô lägen und daß der Kwannontempel von Asakusa der dritte in der Reihe sei.

Weit mehr Bedeutung hat die Wallfahrtsstraße von Saikoku. hat vor der Shikoku-Wallfahrt den Vor-rang des Alters, wenn h die von der Überlieferung behauptete Gründung durch Kaiser Kwasan bis jetzt noch nicht historisch erwiesen werden konnte, beginnt mit dem Nachiyama im Lande Kii, geht durch Izumi, Kawachi, Yamato (Nara), Yamashiro, Ômi, Kyôto, Tamba, Settsu, Harima, Tango zurück nach Ômi und endet im Lande Mino mit dem Tanigumiyama. Schon die Zahl der angeführten Provinzen zeigt, über ein wie großes Gebiet sich diese Wallfahrt erstreckt, die Tempel so weit auseinanderliegen, wird naturgemäß der Zusammenhang etwas lockerer; der Charakter der Wallfahrtsstraße geht bis zu einem gewissen Grade verloren; selbst wenn der Pilgerer so viele wären wie auf der Shikokustraße, würden sie auf dem um ein Vielfaches längeren Wege, der dazu noch durch einige am dichtesten besiedelten Gebiete Japans führt, in dem übrigen Verkehr verschwinden und in dem Volksleben kaum den Eindruck hinterlassen wie auf der Vierländerinsel. Da zudem die Wallfahrt von Saikoku, von der körperlichen Leistung ganz abgesehen, auch finanziell ungleich größere Ansprüche an den Pilger stellt, wird eigentliche Fahrt nur von einer verhältnismäßig geringen Zahl Gläubiger unternommen. Die meisten begnügen sich damit, sie auf einer der Ersatzstraßen zu absolvieren, deren es wie im Falle der 88 Stätten von Shikoku überall im Lande gibt. Die Bedeutung der 33 Kwannontempel liegt daher vielmehr auf historischem Gebiet: in Romanen und Theaterstücken der Tokugawazeit erscheinen sie als Hintergrund der Handlung; buddhistische Legende und religiöse Dichtung verdanken ihnen vielfache Anregung, ja in der religiösen Gesangskunst sind die Lieder der Kwannontempel, Go Eika genant, die sich durch ihren hohen dichterischen Gehalt vor allen Erzeugnissen der japanischen Erbauungsliteratur rühmlich auszeichnen, noch heute für das übrige Japan maßgebend. Ebenso ist es nicht unwahrscheinlich, daß andere Wallfahrtsstraßen, die von Shikoku nicht ausgenommen, auf das Vorbild der 33 Kwannontempel zurückgehen. Was jedoch die heutige Bedeutung für das Volksleben angeht, so läßt sich auch die Wallfahrt von Saikoku, von

4

anderen ganz zu schweigen, nicht mit der von Shikoku messen. Mögen auch einzelne Tempel da und dort
größere Scharen von Gläubigen anlocken, nirgends
ziehen die Pilger zahlreicher durch die Landschaft,
nirgends bringt ihnen aber auch die Bevölkerung größere Anteilnahme entgegen als auf der Vierländerinsel. Über 1200 km muß der Pilgrim zurücklegen; wo-
chen-, ja monatelang seine gewohnte Lebensweise,
seine tägliche Arbeit aufgeben, Haus und Hof, Laden
und Werkstatt anderen Händen überlassen, des Tags
auf schwierigen Pfaden zu hohen Bergen emporklim-
men und auf ebenso unbequemen Wegen oder auch
nur in dem rauhen Bette eines halbversiegenden Wild-
baches ins Tal hinuntersteigen, um des Abends in einem armseligen Quartier mit schlechtem Lager und
schmaler Kost zu landen, bis er schließlich die schwere
Traglast endgültig abstellen, den Pilgerstab beiseitele-
gen und das Pilgergewand ausziehen darf. Alljährlich
nehmen dies Zehntausende von Japanern auf sich[1]
und haben es seit Jahrhunderten auf sich genommen.
Alljährlich öffnen sich aber auch milde Hände längs
der Wallfahrtsstraße und reichen den Pilgern Speise
und Trank und andere Gaben in einem Maße, davon

---

[1] Die Schätzungen gehen auseinander. Ich bekam durchschnitt-
lich 30 bis 40000 als die Zahl der in einem Jahre Umherpil-
gernden zu hören; dagegen schätzt nach Teraishi Shôro (s. Lit.
Nachw.) der Priester des 38. Tempels in Tosa die Zahl wesent-
lich niederer, wenn er sagt, daß sie nie unter 20000 sinke.
Chamberlains Behauptung in Things Japanese (p. 371), daß die
Sitte der Wallfahrt im Abnehmen sei, trifft nach meinen Erfahrungen und Feststellungen für die Shikoku-Wallfahrt wenigstens nicht zu.

sich der moderne Städter, auch der japanische, nichts träumen ließe. Und auch dies seit Jahrhunderten; macht doch schon ein Führerbuch aus dem Jahre 1689 jeweils auf Stätten aufmerksam, wo die Gaben reichlicher fließen und erwähnt an einer Stelle sogar einen Mann mit Namen, der sieben Jahre hindurch jeden Pilger mit einem Paar Strohsandalen versieht. Eine sprachliche Untersuchung über die mit der Wallfahrt oder ihrem geistigen Urheber, Kôbô Daishi, zusammenhängenden Ausdrücke und Redensarten der Volkssprache Shikokus würde gewiß manchen Aufschluß über die engen Beziehungen zwischen der Wallfahrt und dem Volksleben überhaupt geben, wobei allerdings manchmal auch ein schlechtes Licht auf die Pilger oder wenigstens auf eine später noch näher zu beschreibende Klasse von ihnen fiele, wie z. B. dann, wenn wir feststellen, daß „shugyô" (religiöse Übung) in Shikoku auch als Synonym für Betteln gebraucht wird[1].

---

[1] Eine — keineswegs vollständige — Liste von Ausdrücken und Redensarten aus der Pilgersprache ist im Anhang beigefügt.

Hauptteil

DIE 88 HEILIGEN STÄTTEN VON SHIKOKU

A. GESCHICHTE DER WALLFAHRT.

I. Kôbô Daishi, der geistige Urheber.

Über den Ursprung und das genaue Datum des Beginns der Wallfahrt zu den 88 Tempeln lassen uns die Quellen ebenso in Unklarheit wie bei den anderen Pilgerstraßen. Die Überlieferung jedoch führt die Einsetzung der 88 Stätten auf Kôbô Daishi, den Begründer der Shingonsekte in Japan, zurück. Wenn auch dem gegenüber, wie wir später sehen werden, schwere Zweifel geltend zu machen sind, so beherrscht doch seine Persönlichkeit dermaßen die ganze Wallfahrt, daß wir ihn ruhig als den geistigen Urheber bezeichnen können, ja müssen. Der Pilger macht nämlich seine Reise nicht allein, sondern es wird angenommen, daß er sie zusammen mit Kôbô Daishi mache. Shikoku Hachijûhakkasho Henrei Dôgyô Futari, „Wallfahrt zu zweien zu den heiligen Stätten Shikokus" ist der eigentliche Name der Wallfahrt. Unser Begleiter ist Kôbô Daishi, er geht mit uns in Gestalt unseres Pilgerstabes, ja wir nehmen sogar Wegzehrung und Schuhwerk für ihn mit. Es ist daher nötig, daß wir uns zunächst mit seiner Person näher befassen. Wir besitzen glücklicherweise eine größere Anzahl aus ziemlich früher Zeit stammender Lebensbeschreibungen, allerdings fast ausnahmslos im chinesischen Stil, von denen die älteste, die in Kûkais Todesjahr abgefaßte seines Lieblingsschülers Shinzei, unterdessen auch in japanischer Übersetzung erschienen ist. Die einzige ältere in japanischem Stile abgefaßte Biographie ist in 12 illustrierten Schriftrollen zu finden, die in dem Tôji zu Kyôto aufbewahrt werden und bereits von dem Kaiser Go Kômyô (1338—50) besichtigt wurden. Diese Biographie ist in der Sammlung Kokubun Tôhô Bukkyô Gyôsho abgedruckt, nachdem sie schon einmal in der Periode Tempo (1833) als Holzschnittbuch erschienen war. (Die übrigen Biographien, soweit sie für diese Arbeit benutzt wurden, siehe am Schlüsse im Lit. Nachw.) Eine kritische Bearbeitung des gesamten Quellenmaterials für Kôbô Daishis Leben und Wirken findet man in dem sehr gründlichen Buche „Kôbô Daishi-den no Kenkyû" des Makino Shinnosuke (Kyôto 1921), das in einem bibliographischen Anhang von 37 Nummern eine Würdigung aller wichtigeren Werke gibt. Superintendent Dr. Schiller in Kyôto gebührt das Verdienst, eine der zahlreichen im erbaulichen Ton gehaltenen Biographien, wie sie meist von den Pilgern gekauft und gelesen werden, ins Deutsche übersetzt zu haben (ersch. i. d. Mitt. d. Ges. f. N. u. V. O. A.), während bereits im Jahre 1905 in der Zeitschrift „Wahrheit" ein kurzer Aufsatz in deutscher Sprache aus der Feder des Prof. H. Minami erschien.

Kôbô Daishi, „Meister der Ausbreitung der Lehre", ist eigentlich ein posthumer Ehrenname (chokushi), welcher dem Meister 86 Jahre nach seinem Tode, im Jahre 921, von dem Kaiser Daigo verliehen wurde. Durch Vergleichung und Ergänzung der Haas- schen Annalen des japanischen Buddhismus konnte ich folgende 20 offizielle, d. h. von einem japanischen Kaiser ausgezeichnete Träger des Daishi-Titels feststellen:

Priestername	Todesjahr	Daishi-Name	Jahr d. Verleihg.
Saichô	822	Dengyô D.	866
Kûkai	835	Kôbô D.	921
Jitsue	845	Dôkô D.	1774
Ennin	864	Jikaku D.	866
Shinga	879	Hôkô D.	1828
Enchin	895	Chishô D.	927
Yakushin	906	Hongaku D	1308
Shobô	909	Rigen D.	1707
Ryôgen	985	Jie D.	987
Ryonin	1132	Shôô D.	1773
Kakuban	1149	Kôgyô D.	1690[1]
Dôgen	1200	Shôyô D.	1880
Genkû (Hônen)	1212	Enkô D.	1697
Shunshô	1227	Getsurin D.	1883
Shinran	1262	Kenshin D.	1876
Nichiren	1282	Risshô D.	1922
Chishin (= Ippen Shônin)	1289	Enshô D.	1886
Shinshô[2]	1495	Jisshô D.	1883
Kenju (Rennyo Shônin)	1499	Etô D.	1882
Tenkai	1643	Jigen D.	1651

---

[1] Die von mir im Bukkyô Daijiten und anderswo gefundene Jahreszahl stimmt mit der v. Haas angegebenen (1692) nicht überein.

[2] Das Bulletin de la Maison Franco-Japonaise schreibt irrtümlich „Shinzei" und „Jitshô D.", ferner „Shôhô" statt des üblichen „Shôbô"

Wie man sieht, erhielten einige den Titel schon innerhalb der ersten zehn Jahre nach ihrem Tode, also zu einer Zeit, als der nötige Abstand zur Beurteilung des bleibenden Verdienstes kaum noch gewonnen war. Andererseits mußte der streitbare Nichiren bis in die jüngste Zeit auf die offizielle Anerkennung warten. Bei den in den 70er und 80er Jahren des vorigen Jahrhunderts erfolgten Auszeichnungen spielte, von der

unbestrittenen Würdigkeit der so Ausgezeichneten ganz abgesehen, vielleicht auch der Wunsch mit, die nach der Restauration mancherlei Verfolgungen ausgesetzten Buddhisten wieder zu versöhnen. Eine Ausnahmestellung nimmt Hônen Shônin ein, dem von nicht weniger als fünf Kaisern ein Daishi-Titel verliehen wurde (1697; 1711; 1761; 1811; 1861), doch ist der zuerst verliehene Titel der bekannteste[1].

---

[1] Das Bull. de la Mais. Franco-Jap. schreibt merkwürdigerweise Enkô Meishô statt Myôshô) Daishi, was weder mit den Angaben des Bukkyô Daijiten noch denen des Bukkyô Jimmei Jiten übereinstimmt und auch der Sitte, den Daishi-Namen nur aus zwei Zeichen zu bilden, widerspricht.
Der Daishi-Titel stammt aus China, wo er ebenfalls an berühmte Priester, z. B. an den ersten Patriarchen der Tendaisekte Chiki, gen. Chisha Daishi (beides jap. Ausspr.) verliehen wurde. Auch japanische Priester der Tendai- und der Rinzaisekte haben den Titel von China erhalten. Schließlich gibt es noch einige wie Gishin (gest. 826), die im Volksmunde Daishi genannt werden, ohne den Titel von offizieller Seite erhalten zu haben (Gishin = Shuzen Daishi, Enchô= Jakkô D., Chiki=Tendai D.).
Ein anderer Titel, der früher manchmal vom Kaiser verliehen wurde, ist „Kokushi" (Lehrer des Landes); ihn erhielt z. B. der Begründer der Komusô, jener flötespielenden Priester, die

Kûkai ist also nicht der erste, der den Ehrennamen im Laufe der Geschichte erhalten hat, aber wie das Sprichwort sagt: „Taiko wa Hideyoshi ni torare, Daishi wa Kôbô ni torareru", (den Titel Taiko hat Hideyoshi, den Titel Daishi Kôbô an sich gerissen), so ist es in der Tat, und nicht nur in Shikoku. Spricht man vom Daishi, so meint man den Kôbô Daishi. Den Priesternamen hört man selten, den Familiennamen nie. Mit diesem hieß er eigentlich Saeki. Er wurde als Sohn des Regenten der Provinz Sanuki, des Grafen Saeki no Atai Yoshimichi im Jahre 774[1] unserer Zeitrechnung in Byôbu ga Ura im Kreise Tado geboren. Eine Zeitlang war die Lage des Geburtsortes unsicher, ja in der Periode Bunkwa (1804—18) kam es sogar zu einem förmlichen Streit zwischen dem Kaiganji bei Tadotsu und Zentsûji, der damals durch den salomonischen Entscheid beigelegt wurde, daß Kôbô zwar in Zentsûji geboren sei, aber im Kaiganji seine erste Erziehung erhalten habe. Die Ungewißheit ging jedoch weiter, bis vor wenigen Jahren Prof. Kageura Chokkô durch scharfsinnige Vergleichungen von Ortsnamen einwandfrei nachwies, daß Zentsûji die Ehre des Geburtsortes zufalle, eine Feststellung, der gleichsam als Bestätigung wenige Monate später bei Bauarbeiten der dort stationierten elften Division der Fund zweier Stempel mit dem Namen Kûkai folgte. Kûkai „Äthermeer, Himmelsmeer" ist der Name, den Kôbô Daishi die längste Zeit

---

man heute noch überall mit dem das Gesicht völlig verdeckenden Glockenhut im Lande umherziehen sieht, Kakushin (gest. 1293), der als Kokushi Hôtô Kokushi heißt.

[1] Die Angabe 776 in Lloyd, Developm of Jap. Buddh. ist falsch.

12

seines Lebens getragen hat. Die Namen, die er sich im Laufe seines Lebens selbst beigelegt hat oder die ihm gegeben wurden, sind:

Ma-uwo „Wahrer Fisch", frühester Kindername

Tôtomono „Verehrungswürdiger", von den Eltern dem frühreifen Kinde als Zeichen der Liebe und Verehrung gegeben

Shindô „Gotteskind", Bezeichnung des 8-9 jährigen durch die Nachbarn

Kyôkai „Meer der Lehre", Name bei Aufgabe des Elternhauses

Nyokû „Wie Äther", zweiter Priestername

Mukû „Leer und Nichtig", dritter Priestername

Kûkai „Äthermeer oder Meer des Leeren", beim Empfang der Weihen (gusokukai) anscheinend aus den früheren zusammengesetzter Name

Gohitsu Wajô „Fünfpinselabt", von dem chinesischen Kaiser als Auszeichnung für seine im Palaste gezeigte Pinselkunst verliehen

Henjô Kongô „Alles erleuchtender Diamant", bei der Weihe zum Patriarchen der Shingonlehre verliehen.

Kûkai stammt, wie wir oben sahen, aus einer sehr guten Familie. Der Vater ist ein Nachkomme des Kaisers Keikô im achten Glied; mütterlicherseits finden wir in der Familie Atô einige der bekanntesten Gelehrten und Künstler ihrer Zeit. Wir dürfen also annehmen, daß die geistig-geistliche Veranlagung in der

Hauptsache von der Mutterseite her stammt, vom Vater dagegen die eminent praktische Begabung, die sich auf den verschiedensten Gebieten offenbaren sollte. Ein Onkel mütterlicherseits, Atô Sukune no Ôtari, Hausgelehrter des Prinzen Iyo, ist es, der zuerst in dem Knaben die ungewöhnlichen Anlagen entdeckt, ihm die Analekten des Konfuzius und andere chinesische Schriften beibringt und auch die Eltern überredet, ihn[1] im Jahre 788 nach Kyôto ziehen zu lassen, wo er drei Jahre später in die Universität eintrat. Berühmte Lehrer hatten hier bald ihr Wissen an ihm erschöpft, so der in jener Zeit weit und breit als Polyhistor bekannte Umazake no Kiyonari und Okada no Hakase. Von ihnen studierte er hauptsächlich Konfuzianismus und Taoismus, war aber davon unbefriedigt und folgte 793[2] einer Einladung des tugendhaften Abtes Gonzô vom Makiozanji in Izumi, bei dem er die gedächtnisstärkende Lehre, die sogenannte „gumonji", lernte. Bald hatte der Buddhismus den jungen Mann ganz gefangen genommen, ihm beschloß er fortan sein Leben zu widmen und empfing die niederen Weihen. Aber obwohl dem Glauben zugewandt, hegte er doch noch allerhand Zweifel — und er wollte doch Gewißheit. Er betete daher immer wieder um eine Lehre, die ihn im Gegensatz zu den vorhanden befriedigen wür-

---

[1] Die Pilgerbiographien sagen hier, um das Opfer noch schwerer erscheinen zu lassen, „das einzige Kind", was aber unhistorisch ist.

[2] Makino verlegt dies in seiner chronologischen Tabelle in das Jahr 798 entgegen den meisten Biographien und dem Testament (ikoku) Kûkais.

de und soll schließlich einen Traum gehabt haben, in welchem ihm der Weg zu einem Tempel gewiesen wurde, dem Kumedera in der Provinz Yamato, wo er dasjenige Sutra finden werde, das seine Zweifel lösen könne. Er fand auch dort das Dainichikyô[1], die Grundlage der Shingonlehre, aber nun zeigte sich, daß ihm einige Stellen darin in Japan niemand erklären konnte, und es reifte sein Wunsch, nach China zu gehen.[2]

Es gelang ihm bald, die dazu nötige Erlaubnis vom Kaiser zu bekommen; im Juni 804 verließ er im Gefolge des Kais. Gesandten Fujiwara Ason Kadono Maro die Küste von Kyûshû und erreichte nach 34 Tagen im August China. Dort zeichnete er sich gleich bei der Ankunft durch seine chinesischen Kenntnisse aus. Das Schiff war nämlich durch Stürme weiter nach Süden verschlagen worden, als die japanischen Schiffe sonst zu fahren pflegten und legte in Fuchau in der Provinz Fukien an.[3] Hier wollte man die Reisegesellschaft zuerst nicht an Land lassen, da man die Erklärungen des Gesandten nicht verstand; erst als Kûkai in

---

1   Mahâvairokana-sûtra, Nr. 530 bei Nanjô.

2   Für die Jahre 799—803 (erste Hälfte) und später noch für das Jahr 820 fehlen genaue Angaben über Kûkais Leben und Treiben; allgemein nimmt man an, daß die Periode seiner Zurückgezogenheit an dem Kap Muroto, von der er in seinem Testament spricht, in die Zeit zwischen 799 und 803 fällt.

3   Von vier Schiffen, die zusammen die Reise antraten, gelangte nur eines, in welchem Saichô (Dengyô Daishi), der Begründer der Tendaisekte in Japan, fuhr, an den eigentlichen Bestimmungsort, das heutige Ningpo in der Provinz Chekiang. Zwei Schiffe konnten die Reise nicht fortsetzen, ja eines davon blieb sogar verschollen.

einem im Wortlaut noch erhaltenen chinesischen Schreiben die Umstände der Reise darlegte, wurde dem Gesandten und seinem Gefolge die Landung erlaubt und im Dezember desselben Jahres erreichten sie die Hauptstadt Chang-an, das heutige Shi-an. Kûkai verlor keine Zeit, sondern setzte sich sogleich mit berühmten Priestern in Verbindung und ließ sich von ihnen unterweisen.

Von größter Bedeutung für ihn war seine Begegnung mit Huiguo (jap. Keikwa oder Eka[1], dem Abte des Tempels Tsinglung (jap. Seiryûji[2]) und sieben Patriarchen der Shingonlehre. Wie einst Simeon das kleine Jesuskind, so begrüßte der greise Patriarch den jungen japanischen Priester. Er schritt ihm entgegen, und indem ein Lächeln seine alten Züge verklärte, sagte er: „Schon längst wartete ich auf dich. Meines Verweilens auf dieser Erde ist bereits allzu lange. Rüste dich daher zum Empfang der Lehre!"[3]

---

1   Unter den drei Lesungen, die Haas verwirrenderweise nebeneinander gebraucht, ohne zu sagen, daß es sich um dieselbe Person handelt, gibt das Bulletin de la Maison Franco-Japonaise der Lesung Eka den Vorzug, doch wird in der Shingonsekte stets Keikwa gelesen.
2   Von Lloyd irrtümlich „Serinji" gelesen.
3   Diese Begrüßung ist ziemlich gut beglaubigt. Es ist übrigens nicht ausgeschlossen, sondern es spricht im Gegenteil manches dafür, daß Kûkai in Chang-an das Christentum kennen gelernt hat. Unter dem chinesischen Kaiser Taitsung waren i. J. 635 Missionare der Nestorianischen Kirche nach dort gekommen und hatten ihre Missionsarbeit begonnen. Der ursprünglich dem Konfuzianismus ergebene, dem Buddhismus und Taoismus ziemlich abholde Kaiser erleichterte den Missionaren ihre Tätigkeit in jeder Hinsicht, so daß zu der Zeit, als

Huiguo vollzieht eigenhändig an Kûkai die Taufe der Lehrübergabe. Mit verbundenen Augen betritt dieser das Podium, den Sternaniszweig zwischen den Händen haltend. Zweimal muß er ihn fallen lassen, damit sich die Gottheit erkläre, unter deren Obhut er fürderhin stehen soll, einmal für die Kongôkai, die Welt der ewig unerschütterlichen Ideen, und das andere Mal für die Taizôkai, die Welt der Erscheinungen. Beide Male fällt der Zweig auf das Bildnis des Dainichi Nyorai. Kûkai gilt daher als Reinkarnation des Dainichi Nyorai, und da dessen Name in der Kongôkai „Kongô" Diamant, in der Taizôkai aber „Henjô" Alles

---

Kûkai nach Chang-an kam, dort schon vier blühende große Kirchen bestanden. Außerdem waren die heiligen Schriften der Nestorianer ins Chinesische übersetzt und der großen Bibliothek einverleibt worden, welche Taitsung und sein Nachfolger Chang-sun errichteten. Es ist unwahrscheinlich, daß Kûkai, der nach allen erdenklichen Richtungen hin seine Studien betrieb, an den durch ihre Bauart sicher auffälligen nestorianischen Kultstätten vorübergegangen sein sollte, ohne sich nach ihrer Bedeutung zu erkundigen; und selbst wenn wir dies annehmen wollten, so müßte er doch, wie Mrs. E. A. Gordon, deren Schriftchen „Kôbô Daishi to Keikyô" (K. u. d. Nestorianische Christentum) wir diese Angaben entnehmen, mit Recht vermutet, den großen drei Meter hohen und 1,5 Meter breiten Gedenkstein gesehen haben, der im Jahre 781, also 23 Jahre vor Kûkais Ankunft, in Chang-an errichtet wurde, und in 1700 Zeichen kurz die Lehre der Nestorianer und ihre Ausbreitung in China darstellte. (Eine von Mrs. Gordon gestiftete Nachbildung des Steines ist auf dem Kôyasan zu sehen.) Andererseits fehlt in der Schrift von den zehn Stufen des Herzens, worin Kûkai zehn Glaubensstufen aufstellt und die anderen Sekten und Religionen darin einordnet, jeder Hinweis auf Christentum und Mohammedanismus.

Erleuchtender ist, erhält Kûkai den Beinamen „Henjô Kongô", der Alles Erleuchtende, der Diamant.

Abt Huiguo ließ nun durch einige seiner Schüler die in den geheimen Büchern des Shingon enthaltenen Bilder des Paradieses (Mandala) der Kongôkai wie auch der Taizôkai, desgleichen die Bilder der früheren Patriarchen abmalen, insgesamt elf Bilder. Über zwanzig Sutrenschreiber mußten die Sutren und Schastren, insgesamt mehr als hundert Stück, abschreiben, während die Bronzemeister die Kultgeräte, fünfzehn an der Zahl, Glocken, Sankô (Dreizack, sanskr. vajra), Gokô (Fünfzack), Rin (Rad) und Gestänge für das Taufpodium aus Messing, neu anfertigen mußten. Außerdem übergab Huiguo Kûkai noch wertvolle Reliquien aller Art und vertraute ihm bis zu seinem Tode im Dezember des folgenden Jahres noch die ganze Lehre an. Daishi verfaßte die Totenklage und die Grabschrift, die uns noch erhalten sind. Er studierte dann in der Folge in einem anderen Tempel weiter Sanskrit und Schreibkunst und hatte sogar die Ehre, von dem Kaiser Hsientsung aufgefordert zu werden, an den Wänden des kaiserlichen Palastes Proben seiner Kunst abzulegen, die ihm den Ehrennamen Meister der fünf Pinsel eintrugen[1]. Auch durch seine Gedichte und seinen literarischen Stil soll er sich allgemeine Bewunderung erworben haben.

---

[1] Daraus entstand dann später die Sage, daß er mit fünf Pinseln zugleich geschrieben habe. Andere erklären den Namen aus der Beherrschung von fünf Schreibarten.

18

Doch nun drängte es ihn, so schnell wie möglich nach Japan zurückzukehren und die neue Lehre auszubreiten. Er verabschiedete sich von dem Kaiser, der ihm bei dieser Gelegenheit noch ein besonderes Geschenk machte; Adelige und Gelehrte gaben ihm bis zum Schiffe das Geleite, und im August 806 verläßt er China, um nach zwei Monaten wohlbehalten in Kyûshû zu landen, wo er zunächst ein genaues Verzeichnis aller mitgebrachten Schätze anfertigt und zusammen mit der Meldung seiner Rückkehr nach der Hauptstadt an den Hof schickt. Er wird aufgefordert, nach Kyôto zu kommen und die Lehre bei Hofe zu verkünden. In den folgenden Jahren finden wir ihn bald im Palaste, wo er neben seiner religiösen Tätigkeit auch den Kaiser in der Schrift- und der Dichtkunst unterweist, bald zieht er im Lande umher bis hinauf nach Nikkô. Das Priesteramt an verschiedenen Tempeln wird ihm übertragen, so auch am Tôdaiji in Nara, wo er im Jahre 813 den Tempel Nan-endô gründet. Im Jahre 810 besteht er in einer Halle des kaiserlichen Palastes eine Disputation mit den ersten Priestern der anderen Sekten, um sich gegen Vorwürfe der Irrlehre und der Ketzerei zu verantworten, insbesondere auch um die Berechtigung der Geheimlehre des Shingon aus den Sutren zu erweisen.

Er erringt einen vollen Erfolg, doch fühlt er, daß die Hauptstadt und der Hof nicht der rechte Platz für das Gedeihen seiner Lehre sind. So sehr er auf der einen Seite als der weltgewandte Höfling erscheint, so sehr zieht es ihn auf der anderen Seite mit seiner Geheimlehre in die Einsamkeit entlegener, unzugänglicher Berggipfel. So, wie er schon einmal als 25/26 jähriger aus dem Trubel der Hauptstadt in die Wildnis des Kaps Muroto geflohen war, „wo sich", um mit einem seiner Gedichte zu sprechen, „jahraus, jahrein nicht Wind noch Wellen legen", so bittet er auch jetzt wieder Jahre 816 um einen Platz in den Bergen der Kii-Halbinsel, wo sich die Überlieferung seiner Lehre erhalten könne. Seine Bitte wird genehmigt; er steigt auf den Berg Kôya (816), um den Grundstock zu dem Kondô zu legen, das im Dezember des Jahres 1926 abbrannte. Dabei soll er, um die Zimmerleute zur Arbeit anzufeuern, nach einer anderen Version (erwähnt bei Renshô Kwanzan, S. 53), um die zusammengehörigen Fugen und Zapfen der Balken zu bezeichnen, das Lied „Iro wa nioedo" gedichtet und so zugleich die Reihenfolge des japanischen Silbenalphabets festgelegt haben[1]. Nach der Fertigstellung des Kondô und des Sutrenspeichers (Kyozô) geht er wiederum auf eine Wanderung nach Ostjapan, aber im Jahre 821 finden wir ihn in seiner Heimatprovinz Sanuki, deren Herrscher ihn zur Anlage von künstlichen Teichen für die

---

[1] Die neuere Forschung hält es für ziemlich ausgeschlossen, daß Kûkai der Verfasser des Liedes ist, wenn auch zugegeben wird, daß der Dichter in Priesterkreisen zu suchen ist. Das Hauptargument ist, daß die metrische Formel 7 5 7 5 erst dem Ende der Heianperiode angehört. Andererseits kommt Kûkai, wie schon Lange (Einf. i.d. jap. Schrift, S. 3) bemerkt, auch als Erfinder der Kana nicht in Betracht, da der Gebrauch dieser Zeichen bereits vor Kûkai erwiesen ist. Diejenigen, welche ihn trotzdem für den Autor des Gedichtes halten, sehen darin eine Antizipation des späteren Versmaßes, also einen neuen Beweis für Kûkais Genialität.

Bewässerung der Reisfelder eingeladen hatte. Dies ist das einzige Mal, daß in Kûkais Biographie ein Besuch Shikokus in späteren Jahren ausdrücklich erwähnt wird. Hätte er wirklich die Wallfahrt rund um die Insel als erster unternommen, so müßte sie, wenn nicht in seine Jugendzeit, so in dieses Jahr fallen. Im folgenden Jahre ist er nämlich schon wieder in Nara wo der abgedankte Kaiser Heijô von ihm in dem Tôdaiji die Taufe empfängt. Im nächsten Jahre dankt der regierende Kaiser Saga ab; nachdem er Kûkai vorher den Tôji in Kyôto als Basis für die Ausbreitung der Lehre des Shingon geschenkt hatte.[1] Auch Saga Tenno läßt sich von Kûkai taufen.

In das nunmehr beginnende Jahrzehnt, das letzte seines Lebens, fällt ein Plan, der für die ganze Person des Meisters bezeichnend ist: er, der es wie kein zweiter verstanden hat, für das shintôistische und das buddhistische Pantheon die entsprechende Gleichung zu finden, bei der sich die höchste shintôistische Gottheit Amaterasu Ô Mikami, mit der Zentralgestalt des Shingonpantheons, Dainichi Nyorai, deckt, er gründet nun in Kyôto das Shûgei Shuchiin[2], das man vielleicht als den ersten Vorläufer der Institute für vergleichende — oder müssen wir in diesem Fall besser sagen „an- und ausgleichende"? — Religionswissenschaft bezeichnen könnte und wo Buddhismus, Konfuzianis-

---

[1] Seit der in der Periode Meiji erzwungenen Zusammenschließung aller Zweige des Shingon der Haupttempel der Sekte. Tatsächlich haben jedoch die verschiedenen Zweige ihre besonderen Haupttempel beibehalten.

[2] Die Lesung Sôgei 0,5Shuchiin (Reischauer u. a. ist unkorrekt)

mus, Taoismus usw. nebeneinander gelehrt werden sollen. Er verfaßt sogar zwei Jahre später noch ein zehnbändiges Werk, in welchem er die verschiedenen Glaubenslehren bespricht und beurteilt und die Geheimlehre des Shingon darlegt. Dadurch, daß Kungtse und Laotse als Inkarnationen von Judo Bosatsu und Kasho Bosatsu bezeichnet werden, ist die Einbeziehung des Konfuzianismus wie die des Taoismus in sein Gebäude der Shingonlehre sehr erleichtert.

Die letzten Jahre seines Lebens hatte Kûkai immer bald auf dem Kôyasan, bald in dem Takaosan in Kyôtofu, bald in dem Tôji zu Kyôto geweilt. Als er aber sein Ende nahen fühlt, läßt er sich nach dem Kôya bringen, wo er am 15. 3. 835 stirbt und wo er auch beigesetzt wird. Seine Grabkapelle bildet heute das Allerheiligste (Oku no In) des ganzen Tempelberges.

Ich habe in diesem kurzen bibliographischen Abriß möglichst alles ausgelassen, was sich aus der Vergleichung der verschiedenen überlieferten Lebensbeschreibungen ohne weiteres als legendenhafte Ausschmückung erweisen ließ. Besonders die für den einfachen Mann aus dem Volke berechneten Büchlein können sich in dem Wunderbaren nicht genug tun, während die ältesten Quellen sich mehr Zurückhaltung auferlegen und in neueren Werken wie z. B. in „Kaizô izen ni okeru Kôyasan Bunkashi" des Nakata Hôjû, eines Historikers auf dem Kôyasan, und bei Makino (a.a.O.) sogar die Gründungsgeschichte dieses Berges, wenn auch vorsichtig, angezweifelt wird. Auffallend sind, wenn man die Lebenden mit einbegreift, die vielen Parallelen zu dem Leben Christi. Wir finden die Geschichte der Verkündigung in Gestalt einer Traumvision, das Geburtswunder (seltsamer Glanz erhellt das Zimmer); wie Jesus in den Apokryphen, so zeigt sich auch der junge Daishi von anderen Kindern verschieden, indem er aus Lehm Buddhabilder formt und anbetet, aus Zweigen und Halmen Pagoden und Tempel baut und seine Bilder darin aufstellt usw.; die Anbetung der drei Könige findet ihr Gegenstück in zwei Geschichten, der einen von einem berühmten Priester, der das Schreien des Kindes als Sanskritlaute erkennt und dem Kinde eine große Zukunft prophezeit, der anderen von einem kaiserlichen Sendgrafen, der das Land besucht und vor dem spielenden Daishi niederkniet; wie Jesus ist auch er als Zwölfjähriger schon Erwachsenen an Weisheit und Verstand gleich; auch er verläßt seine Eltern im Hinblick auf seinen höheren Beruf; wie der Nazarener zieht er sich in die Einsamkeit des Kap Muroto zurück, wo er von Teufeln versucht wird[1]; wie jener auf dem See Genezareth so

---

[1] Schiller stellt der Versuchungsgeschichte die Legende gegenüber, wonach der 6 (nach jap. Zählung 7) -jährige Knabe sich von einem Felsen herunterstürzt, um Gewißheit darüber zu erhalten, ob er zur Rettung der anderen Menschen berufen ist; Shaka erscheint in einer Wolke und führt ihn an seinen ursprünglichen Standort zurück. Abgesehen davon, daß die dieser Legende zugrunde liegende Auffassung, wonach der Mensch in gewissen entscheidenden Stunden ein Zeichen dessen zu verlangen berechtigt ist, daß die Gottheit mit ihm und seiner Aufgabe ist, auch in der Bibel nicht durchaus fehlt, erscheint uns die Episode am Kap Muroto viel mehr Vergleichspunkte zu bieten, da es sich hier in beiden Fällen um die Versuchung eines in die Einsamkeit Zurückgezogenen durch die Mächte der Finsternis handelt.

beschwichtigt er auf der Heimkehr von China Wind und Wellen, die sein Schiff zum Sinken zu bringen drohten; immer wieder verläßt er die Hauptstadt und den Hof, wo man Ehren und Würden auf ihn häuft und wo ihn auch die Freundschaft des Kaisers zu fesseln versucht, und zieht durch das Land, unterweist und lehrt das Volk; und wenn heute der Pilger sein „Namu Daishi Henjô Kongô" „Ich vertraue dem Meister, dem Alles Erleuchtenden, dem Diamanten" betet und an das Sokushin Jôbutsu, die Erlangung der Buddhaschaft in diesem Leibe, glaubt, so denkt er nicht weiter an die komplizierte Geheimlehre des Shingon: der Daishi und seine Gnade (Go Riyaku) nehmen bei ihm denselben Platz ein wie bei dem gläubigen Christen Jesus und sein Wort: „Wer an mich glaubet, der wird leben, ob er gleich stürbe."

Aber zu den Gebeten, die der Pilger vor jedem Tempel betet, gehören auch die Shingon- und Dharani-Anrufungen der buddhistischen Gottheiten, jene merkwürdigen japanischen Transkriptionen alter Sanskritworte, und wenn er im Tempel übernachtet, wird er oftmals an der Goma-Feier teilnehmen, die wir nur unvollkommen mit Brandmesse übersetzen können, und die eine der ersten, und wie man sagt, wirksamsten Übungen der Geheimlehre des Shingon ist. Und damit sehen wir Kûkai von einer anderen Seite; wir sehen ihn als den Gründer des japanischen Mikkyô (Geheimlehre)[1]. Es ist merkwürdig, daß ausge-

---

[1] Schiller schreibt fälschlich „mikyô", Reischauer sogar „himitsukyô". Eine kurze Darstellung der Lehre der Shingonsekte ist in Lloyds Developments of Japanese Buddhism zu finden. Der

24

rechnet der Mann, der wie wenige über einen klaren Geist und praktischen Sinn verfügte, der sich in China nicht nur um Sanskrit und Chinesisch, sondern um die Erlernung aller möglichen Künste und Fertigkeiten, um die Herstellung von Tusche und die Anfertigung von Pinseln, um die Zubereitung von Kuchen ebenso wie um den Bau von Häusern kümmert, der es wie nur wenige verstand, das erworbene Wissen anderen mitzuteilen, den Bauern in Sanuki die Anlage der Reisteiche, den Kohlenbrennern in Tosa die Luftlöcher in den Meilern[1], den Bewohnern Echigos die Verwendungsmöglichkeiten des Steinöls[2] zeigte: es ist merk-

---

Weg zur Magie liegt kurz gesagt in der folgenden Gedankenreihe: „Das Reich der Ideen ist der Urquell aller Dinge. Habe ich die richtigen Ideen, so kann ich die Dinge beherrschen. Die Ideen aber drücke ich durch Worte aus. So wird das ,wahre Wort' (shingon) zum magischen Wort, zur wirkenden Ursache der gewünschten Erscheinungen. Wer daher die magischen Worte weiß, der kann das, was er will, erreichen, indem er einfach denkt oder die solche Gedanken ausdrückenden Worte ausspricht." Eine ähnliche Bedeutung wie diese verschiedenen Worte haben auch die „in", d. h. Siegel, genannten Arten des Händefaltens.

[1] In Süd-Tosa heißen, wie mir ein Forstmeister in Sukumo mitteilte, die Löcher im Kohlenmeiler bis auf den heutigen Tag „O Daishi no Ana" (die Löcher des Daishi); auch die Einführung der Gerste in Tosa bringt ein Tempel (Nr. 34) mit Kôbô in Verbindung, an anderer Stelle wird er als Einführer des Mörtels bezeichnet, während sich die Sage von dem Yanagimizu (zw. d. 11. u. 12. Tempel) als Anwendung der Wünschelrute deuten läßt.

[2] Erdöl in Echigo ist allerdings schon A. D. 668 geschichtlich beglaubigt, da in diesem Jahre die Leute von Echigo dem Kai-

25

würdig, daß gerade dieser Mann es gewesen sein sollte, der eine der abstrusesten Geheimlehren mit ihrer komplizierten Wortsymbolik, ihren Zauberformeln und Beschwörungen in Japan begründet hat.

Es ist daher nicht zu verwundern, daß bei aller Anerkennung seiner außerordentlichen Leistungen von berufener Seite sehr harte Urteile über Kôbô Daishi gefällt worden sind. Kûkai ist kein origineller Kopf, sagt Schiller; er sei darin ein typischer Japaner, daß er es glänzend verstanden habe, von anderen überkommene Ideen und Dinge dem eignen Lande anzupassen. Auch behauptet Schiller, daß die Shingonsekte von allen anderen Sekten, von Shin, Jôdo, Zen und Hokke, weit überflügelt sei. Reiner nennt Kûkai „perverter of Buddhism", dessen „clever compromise with Shintôism" kein gutes Licht auf ihn fallen lasse, man kann sogar die Frage aufwerfen, ob denn auf den Daishi wirklich der protestantische Begriff des „homo religiosus" zutreffe oder ob in ihm nicht allzu viel von dem Magier stecke, der aus sich selbst, durch die Kraft seiner Gebete und Beschwörungen, seiner Opfer und sonstigen Übungen zu übernatürlichen Kräften, zur Beherrschung der beseelten wie der unbeseelten Welt gelangen will. In der Tat spielen Zaubergebete, die Kaji-Gebete, eine große Rolle in Kôbôs Kult; er selbst hat sie wiederholt angewandt; so hat er, um nur ein Beispiel zu nennen, nach der Biographie seines Schülers Shinzei nicht weniger als 51 mal um des Landes

---

ser Tenchi „moyuru mizu" (brennbares Wasser) als Geschenk darboten.

willen den Gebetsaltar errichtet und von Erfolg begleitete Gebete um Regen oder gegen Sturm, Krankheit usw. abgehalten. Es fehlt mir an genügender theologischer Vorbildung wie auch an einem eingehenden vergleichenden Studium der Lehre Kûkais und der anderer großer japanischer Religionsstifter wie Hônen, Shinran und Nichiren, um die Frage zu entscheiden. Kûkai verkörpert eben in hohem Maße die ganze geistige Richtung seiner Zeit, in welcher Religiöses und Magisches untrennbar zusammenhingen; in China war diese Richtung am Hofe maßgebend geworden und hätte sich auch in Japan trotz aller Verdienste des Meisters nicht so rasch durchsetzen können, wenn sie nicht sozusagen in der Luft gelegen hätte.

Nur zwei oder drei Punkte möchte ich dabei zu bedenken geben. Erstens: Von den fünf Geschwistern Kûkais sind zwei Brüder als Priester bekannt geworden, Shinga Sôjô und Shinnen Daitoku[1], während der Sohn der älteren Schwester als Chisen Daitoku bekannt, der der jüngeren Schwester, Chishô Daishi, sogar einer der Patriarchen der Tendaisekte geworden ist. Es muß also in der Familie neben dem staatsmännischen und dem militärischen auch ein starker religiöser Zug geherrscht haben. Was den Vorwurf mangelnder Originalität betrifft, so ist das ein Tadel, von dem streng genommen selbst die Person des Begründers der buddhistischen Lehre nicht ganz freizusprechen wäre. Die Größten auf dem Gebiete der Literatur,

---

[1] „daitoko" oder „ôtoko" ist die korrekteste, heute jedoch kaum übliche Aussprache.

ein Molière, ein Shakespeare, haben ihn sich gefallen lassen müssen. Die Frage ist: Hat Kôbô das, was er in China gesehen und gelernt hat, blind übernommen und sklavisch nachgeahmt, oder zeigen sich nicht vielmehr in seinem ganzen Wirken ein freies Schalten mit dem überkommenen Gute, eine geradezu souveräne Beherrschung alles Gelernten und Erworbenen und eine Anwendung, die eben doch in ihrer Art originell sind? Im Gegensatz zu Schiller bezeichnet Lloyd Kûkais Lehrsystem als eine Neuerung, woher er es auch abgeleitet haben möge.

„Verdreher des Buddhismus" nennt ihn Reischauer hauptsächlich wegen seiner Magie, aber zugegeben, daß dieser Vorwurf seine Berechtigung habe, so trifft er doch nicht Kûkai, sondern den lange vor ihm wirkenden Asamga (jap. Mujaku Bosatsu), durch den nach den bisherigen Forschungen zuerst das magische Element in den Buddhismus hineinkam. Im übrigen betreten wir hier das noch immer strittige Gebiet der Authentizität des Mahâyâna-Buddhismus, wo mir kein Urteil zusteht. Was aber das Kompromiß zwischen Buddhismus und Shintôismus — wir würden besser sagen, die Synthese der beiden — betrifft, so wird dieses heute noch von manchen japanischen Autoritäten wie z. B. Tomita Kôbô Daishi eher als Verdienst angerechnet. Die spätere Entwickelung seiner diesbezüglichen Lehre zeigte verschiedene Auswüchse, aber gerade für das Volk scheint Ryôbu Shintô, wie die Lehre heute meist genannt wird, starke Vorzüge zu haben. Kûkai in dieser Frage politische Machtgelüste unterschieben zu wollen, heißt meiner Ansicht nach des Meisters Persönlichkeit verkennen.[1] Der Grundgedanke des Ryôbu Shintô, die Wesenseinheit der japanischen Kami und der Hotoke, paßt durchaus in das ganze System der Shingon-Geheimlehre mit ihrem ständigen Durchgang von der Synthese zur Antithese und von dieser wiederum zur Synthese.

Daß die Shingonsekte heute von allen anderen größeren Sekten überflügelt werde, ist eine Behauptung, die ich nirgends bestätigt finden konnte. Übertroffen wird sie einzig von der in jeder Hinsicht mit den modernsten Mitteln arbeitenden Shinsekte und von der Zensekte; in den letzten Jahren scheint sie aber eher Fortschritte als Rückschritte gemacht zu haben. In Shikoku steht sie an der Spitze aller Sekten. Um sich den Einfluß zu vergegenwärtigen, den sie heute noch hat, bedenke man die Tatsache, daß noch in letzter Zeit bei Streiks in Osaka mehrfach die Vermittlung des Erzabtes auf dem Kôyasan zur Schlichtung angerufen worden ist.

Was die Bedeutung Kûkais überhaupt anlangt, so möchte auch auf Lloyd hinweisen, der zu den Legenden über den Daishi folgendes sagt: „Es ist sicher, daß viele Legenden, welche sich an Person des Daishi geheftet haben, falsch sind, aber die Tatsache, daß so viele Legenden sich um ihn sammeln konnten, und selbst heute noch die Anhänger des Shingon nicht einfach Vairocana, sondern den in Kôbô Mensch gewordenen Vairocana anbeten, zeigt, daß wir hier vor ei-

---

[1] Vgl. Die Warnung in seinem Testament, den Kôyasan nicht in den politischen Streit hineinzuziehen.

nem großen Manne stehen. Die Legende heftet sich nicht an Mittelmäßigkeit. Es ist nur der Genius, der die Phantasie des Volkes auf sich gebannt halten kann." Zu demselben Schluß kommt auch Dr. T. Tanimoto in seinem Buche „Nippon Bunkwa to Bukkyô" (Die japanische Kultur und der Buddhismus, S. 146), obwohl er einen Teil der Legenden für die Tatsache in Rechnung setzt, daß Kûkai mehr als jeder Andere vor und nach ihm im Lande umhergezogen sei und daher einen besonders lebendigen Eindruck beim Volke hinterlassen habe: Aber einen solchen Eindruck konnte doch eben nur ein ganz Großer hinterlassen. Wer die religiöse Phantasie des Volkes so in Schwingung versetzen konnte, wie es Kûkai gelang, dem muß eben doch eine starke religiöse Kraft innegewohnt haben. Gewiß habe ich auf meiner Reise viel Aberglauben und Ähnliches gesehen, wovon später noch die Rede sein wird; rauchten doch hinter Tokushima allenthalben die Berge von den Brandopfern der wie einst Kûkai um Regen Betenden. Aber im ganzen habe ich den Eindruck bekommen, daß Kûkais Geist und Einfluß heute, nach 1100 Jahren, noch derart lebendig sind, daß man sich diese nachhaltige Wirkung nur schwer als von einem Menschen ausgehend denken könnte, der nicht eine starke religiöse Persönlichkeit gewesen wäre. Diese Wirkung ist so mächtig, daß sie sich sogar über Tempel und Angehörige ganz verschiedener Sekten erstreckt.

II. Ursprung der Wallfahrt.

Die von Kûkai ausgehende und nun schon bald ein Jahrtausend überdauernde Wirkung erscheint um so wunderbarer, wenn wir uns nun der Frage zuwenden, wie die Wallfahrt entstanden ist, und dabei zunächst auf die Tatsache stoßen, daß uns nur von dreien der 88 Tempel einwandfreie historische Belege dafür vorliegen, daß Kûkai überhaupt je an ihnen geweilt. Von diesen dreien liegt je einer in Awa (Dairyûji Nr. 21), in Tosa (Higashidera Nr. 24) und in Sanuki (Zentsûji Nr. 75), während wir bis jetzt keinerlei Urkunden darüber haben, daß der Meister die vierte Provinz, Iyo, je besucht hat, von welcher jedoch der Sage nach der Anstoß zur Wallfahrt ausgegangen ist und welche heute mehr Wallfahrtstempel aufweist als jede der drei übrigen Provinzen. In den ältesten Biographien, selbst in den erst 250 Jahre nach seinem Tode verfaßten, finden wir keinerlei Andeutung über die Einsetzung einer Wallfahrt zu den 88 Heiligen Stätten Shikokus. Gelegentliche Erwähnung der Wallfahrt findet sich in anderen Büchern schon ziemlich früh, aber das älteste Buch, welches uns über ihre Entstehung berichtet, ist „Shikoku Henrei Kudoku-Ki" (Chronik der Wunderkraft der Shikoku-Wallfahrt). Dieses Buch ist im dritten Jahre Genroku (1690) erschienen und enthält in zwei großformatigen illustrierten Bändchen einige Angaben über Entstehung und Bedeutung der Reise, einige Wunderheilungen und einige Legenden aus Daishis Leben.

Über die Entstehung der Wallfahrt bemerkt der Verfasser des Buches dreierlei:

„1. Wer die Wallfahrt begonnen hat und wann, ist nicht mehr festzustellen.

2. Es gibt eine Version, nach welcher Kûkais Schüler Shinzei nach des Meisters Tode im Gedenken an jenen die Stätten besuchte, an denen jener zu seinen Lebzeiten gewirkt hatte. Andere folgten dem Beispiel, und so entstand der Brauch der Wallfahrt.

3. Nach einer anderen Version suchte nach Kûkais Tode dessen Geist die Stätten seiner früheren Wirksamkeit auf und schwebte in einer Wolke darüber. Die Kunde verbreitete sich, und so zogen die Leute allmählich auf die Fahrt, um dem Daishi zu begegnen."

Die zuletzt genannte Version können wir wohl ohne weiteres in das Gebiet der Legende verweisen. Zu 1. ist zu bemerken, daß spätere Forschung schon manches aufgeklärt hat, was zunächst unerforschbar erschien. 2. ist dagegen nicht von vornherein von Hand zu weisen. Wir finden zwar in Shinzeis Biographie keinen Hinweis auf einen Besuch in Shikoku; einzig, daß er seinen Meister im elften Jahre Kô-ni (820) nach Kantô begleitete, wird erwähnt. Es wäre jedoch sehr wohl möglich, daß Shinzei die an seinen hochverehrten Lehrer erinnernden Stätten aufgesucht hätte daß andere Schüler, von denen ja manche aus Shikoku stammten seinem Beispiel gefolgt wären, wodurch dann allmählich die Sitte der Wallfahrt aufgekommen wäre. Aber selbst wenn wir diese Erklärung annehmen, so bleibt doch sehr unwahrscheinlich, daß die Festlegung der Zahl 88 aus so früher Zeit stammt.

Es erscheint vielleicht an dieser Stelle unserer Abhandlung angebracht, die in der Einleitung gemachten Bemerkungen über die Entstehung der Sitte der Wallfahrt zu ergänzen und zu versuchen, ob wir nicht noch einige weitere Quellen des japanischen Wallfahrtslebens aufspüren können, auch wenn wir uns in der Hauptsache die oben ausgesprochene Annahme zu eigen machen. Am nächsten liegt die Frage, ob nicht die einheimische Religion, Shintô, irgendwie am Aufkommen der Wallfahrt beteiligt ist. Es ist mir nicht gelungen, in dieser Hinsicht nennenswerte Zusammenhänge aufzudecken. Zwar gibt es einzelne Berge, z. B. den Kô no Mine (Nr. 27) in Tosa, wo vor Gründung des Buddhatempels Shintô-Gottheiten verehrt wurden; aber ihre Zahl ist bald erschöpft; außer dem genannten Kô no Mine sind nur noch die auf hohen Bergen gelegenen Tempel Kakurinji (Nr. 20) und Dairyûji (Nr. 21), vielleicht auch noch Nr. 41, 47, 60 und 74 anzuführen. Bei den übrigen Tempeln scheinen die Beziehungen zum Shintô alle einer späteren Periode, der Blütezeit des Ryôbu Shintô, zu entstammen. Wenn es auch heute Shintô-Wallfahrtsstraßen gibt, z. B. bei Matsuyama die zu acht altberühmten Tempeln in der näheren Umgebung der Stadt, die sogenannte „hasshamôde", so sind sie durchweg jüngeren Datums. Die einzige Andeutung, die ich über etwas, was man eine Rundfahrt nennen könnte, in der Zeit vor Kûkai fand, war in einem Artikel der Encyclopaedia Japonica, der die Herkunft der Bezeichnung Ichi no Miya erklärte. Es hieß dort, daß in der Narazeit die Regenten der einzelnen Länder (jap. kokushi) gewisse Tempel ihrer Provinz, die sich einer alten Herkunft rühmen konnten und etwas wie einen offiziellen Status hatten, jährlich zu besuchen hatten. Shintô kann daher nur insoweit, als die Natur- und Berggipfelverehrung darin eine Rolle spielt, zur Entwickelung des Wallfahrtsgeistes beigetragen haben.

Anders steht es mit jenen beiden großen Vorläufern Kûkais, Gyôgi Bosatsu und En no Ozunu[1]. Gyôgi Bosatsu, welcher zwischen 670 und 749 lebte, durchzog nach dem Tode seiner Mutter die Mehrzahl der 60 Provinzen des Reiches, überall predigend und Tempel gründend. Eine große Anzahl der Shikoku-Tempel führt ihre Herkunft auf diesen großen Wanderprediger zurück, der übrigens mit Kôbô Daishi auch in dem Falle des Ryôbu Shintô Berührungspunkte hat; denn obgleich die Vereinigung von Buddhismus und Shintôismus einer späteren Zeit angehört, rühren doch die ersten Anfänge von Gyôgi her. Wir dürfen wohl annehmen, daß mancher Priester und vielleicht auch Laie Gyôgis Beispiel gefolgt ist, aber als Begründer und Förderer der Wallfahrtssitten hat der um eine Generation ältere En no Ozunu eine ungleich größere Bedeutung. Er wurde im Jahre 635 in der Provinz Yamato geboren, war von früher Jugend an ein eifriger Anhänger der buddhistischen Lehre und bestieg zu religiösen Übungen die höchsten Gipfel seiner Heimat und der Provinz Kii. Im Alter von 32 Jahren erklomm er als erster den Berg Ibaragi und wohnte dort mehr als 30 Jahre in einer Felsenhöhle, wo er die Lehre des

---

[1] So lautet die Lesung des Namens in den ältesten Urkunden. Heute pflegt man En no Shôkaku zu lesen, wofern man nicht die Bezeichnung En no Gyôja (= der Anachoret En) wählt.

Kujaku Myôô[1] ausübte. In seinen späterer Jahren zog er durch Westjapan bis hinunter nach Kyûshû. Sein Todesjahr ist unbekannt; er scheint jedoch ein hohes Alter erreicht zu haben. Nach einer Version soll er zuletzt nach China gefahren sein.

En no Ozunus Lehre ist das Shugendô; der Kern der Lehre ist von Mikkyô der Shingon- und der Tendaisekte nicht sehr verschieden; nach der Restauration wurde sogar Shugendô diesen beiden Sekten einverleibt. Was es indessen besonders auszeichnet, ist die Berggipfelverehrung. Der Ôminesan bei Yoshino wurde von En no Ozunu zum Hauptheiligtum seiner Lehre bestimmt, doch scheint es, daß nach Ozunus Tode ungefähr 180 Jahre lang die Steigung (jap. nyûbu, wörtl. Betreten des Gipfels) unterblieb und erst von dem Shingonpriester Shôbô, dem nachmaligen Rigen Daishi, wieder aufgenommen wurde. Rigen Daishi war es, der die Geheimlehre Ozunus als mit dem Shingon verwandt erkannte und daher diesem einverleibte. Der Name Shugendô läßt sich erklären als eine Abkürzung von Shugyô-tokuken-dô, d. h. Kujakuô-juhô wo shugyô shite igenryoku wo eru michi (= Weg, um durch Übung der Zauberlehre des Pfauenkönigs

---

[1] Kujaku Myôô, der klare, lichte Pfauenkönig, ist eine Buddhagestalt mit einem Kopfe und vier Armen, die auf einem Pfauen reitend dargestellt wird; es gibt auch Darstellungen, bei denen die Gestalt nur eine Pfauenfeder in der Hand hält. Trotzdem der Titel „myôô", klarer, lichter König, nur den schreckenerregenden, böse Geister bezwingenden Gottheiten wie Fudô beigelegt wird, ist Kujaku keine schreckenerregende Gestalt, sondern wird sogar als die Buddhamutter bezeichnet.

besondere Wunderkraft zu erlangen). Da die Anhänger dieser Lehre bei ihren Übungen in den damals noch unbewohnten Bergen meist im Freien nächtigen mußten, nannte man sie auch Yamabushi (yama = Berg, fusu = ruhen, liegen); doch wurde dieser Name später theologisch umgedeutet und für „fusu" ein anderes Zeichen gewählt, welches „liegen, lauern" bedeutet, also „yamabushi" als die „vom Berge (der Wahrheit) aus (dem Irrtum) Auflauernden" gedeutet. Durch Rigen Daishi wurde Shugendô bei hoch und niedrig sehr beliebt; es bildete sich allmählich eine feste Tracht aus, so daß wir in der Tokugawa-Zeit eine nicht nur bis in alle Einzelheiten bestimmte, sondern sogar in jedem Stücke genau theologisch ausgelegte Ausrüstung haben (s. Anmerk. zu S.69). Merkwürdigerweise spielt gerade der Stab, der, wie wir noch sehen werden, bei der Shikoku Wallfahrt einen so wichtigen Platz einnimmt, im Shugendô eine verhältnismäßig untergeordnete Rolle. Die Lehre hat heute zwei Zweige, von denen der größere Honzanha genannt wird und der Tendaisekte eingegliedert ist, während der kleinere als Tôzanha zu der Shingonsekte gehört. Die Anhänger des letztgenannten Zweiges besteigen den Berg Ômine dreimal jährlich und verrichten im Allerheiligsten Gebete um Glück und Frieden des Reiches (Tenka Taihei no Kitô), während die Anhänger der Honzansekte dies nur einmal im Jahre tun.

Es ist zweifellos, daß Shugendô in weitem Maße zur Entwickelung der Wallfahrtsgebräuche beigetragen hat, wenn auch gerade in Shikoku diese Lehre nie zu hoher Blüte gelangt ist. Die Ausrüstung des Shikoku-Pilgers ist, um nur ein Beispiel zu nennen, niemals so ausgeklügelt worden wie die des Yamabushi, sondern blieb, wie wir an den alten Bildern sehen können, immer mehr den wahren Bedürfnissen des Pilgers angepaßt. Trotzdem fehlen die Beziehungen nicht ganz. Wir sind zwar mangels historischer Urkunden wieder auf einfache Überlieferungen angewiesen, aber nach ihnen scheint es, daß En no Ozunu auch Shikoku besucht hat. So führt der hochgelegene Tempel Nr. 12 in Awa, der Shôsanji die Gründung seines Allerheiligsten (Oku no In) auf ihn zurück in Tosa soll er am 38. Tempel, dem „Fußstampfberg", Berggeister gebannt haben, so daß sie nur noch ohnmächtig mit den Füßen stampfen konnten, desgleichen soll der 47. Tempel, der Yasakaji unweit Matsuyamas, von ihm gegründet worden sein, während der 43. Tempel, der Akeshiji, sich auf den fünften Vorfahren Ozunus, Jugen Sonja, als seinen Gründer beruft. Ja, die buddhistische Inkarnation der Shintôgottheit des höchsten Berges von Shikoku, die an zwei Tempeln, dem 60. und dem 64. verehrt wird, Zôô Gongen ist eine Reinkarnation Shaka Nyorais, die sich zum ersten Male En no Ozunu auf dem Kimpusen in der Provinz Yamato offenbarte und weder in Indien noch in China vorkommt. Doch wurde der Berg Ichizuchi erst im Jahre 850 von einem Priester zum ersten Male bestiegen und dabei die Gottheit des Berges als Zôô Gongen verehrt[1]. Das Bildnis des Zôô Gongen in dem 64. Tempel soll, wie schon in einem Führer aus der Periode Bunkwa (1804–18) steht, En no Ozunu selbst geschnitzt haben.

---

[1] Die Shintô-Gottheit ist Ishizuchi Hiko no Mikoto.

Die Frage, ob der Taoismus an dem Aufkommen der Shikoku-Wallfahrt beteiligt ist, ist angesichts des vollständigen Mangels an Quellen nicht zu entscheiden. Während wir von Gyôgi und En no Ozunu wenigstens Überlieferungen haben, ist uns über irgend welche Beziehungen zum Taoismus nichts berichtet. Allerdings tritt die für diese Religion bezeichnende Fünfzahl von Berggipfeln mehrfach in Erscheinung so bei dem Zentsûji, Kûkais Geburtstempel, wo sich die Gogaku, die fünf Hügel, erheben[1], so beim 85. Tempel, der wegen der sich im Hintergrunde erhebenden fünf Bergzacken[2] Gokenzan (Fünfschwerterberg) genannt wird, ferner an den 71. Tempel dem Kengozan (Schwertfünfberg), und an dem 31. Tempel, der auf einem in fünf Wellungen ansteigenden Berg liegt und daher Godaisan (Fünfkuppenberg) heißt. Daß eine Beeinflussung durch den Taoismus nicht von vornherein abzuweisen ist, sieht man daraus, daß ein buddhistischer Forscher, der schon zitierte Prof. Tomita, eine dahingehende Vermutung ausspricht (Shikoku Henro, 5.45, Z. 2ff.).

Zusammenfassend können wir daher sagen, daß die Sitte der Wallfahrt, wie schon einleitend bemerkt, von Indien über China nach Japan gekommen ist, daß neben frühen Wanderpredigern wie Gyôgi Bosatsu hauptsächlich En no Ozunu und die Anhänger seiner

---

[1] Die von Schiller übersetzte Biographie heißt mit Rücksicht darauf „Gogaku no Kumo", die Wolke der fünf Hügel.

[2] Die Photographie dieser Gegend in dem Trautzschen Japanbuch (S.199) ist leider von einer Seite aufgenommen worden, welche die fünf Zacken nicht erkennen läßt.

Lehre als Erwecker des Wallfahrtsgeistes bei den Japanern in Betracht kommen, wenn auch ihr Einfluß gerade in Shikoku weniger stark geblieben ist. Wiewohl die Shikoku-Wallfahrt nicht auf Kôbô Daishi selbst als Begründer zurückgeführt werden kann, sondern eher auf das Vorbild der Saikoku-Wallfahrt zurückgehen wird, so ist doch kein Zweifel, daß Kôbô Daishis Hinneigung zum Berggipfelbuddhismus von den Bergtempeln Shikokus ihre erste und stärkste Anregung erhielt. Auch ist es nicht ausgeschlossen, daß mit den bald nach Kûkais Tode von dem Stadt- und Palastbuddhismus in Kyôto ausgehenden Versuchen, den Berggipfelbuddhismus des Kôyasan zu unterdrücken, Mukû und andere der letzteren Richtung ergebene Priester den Kôyasan aufgaben, sich nach Shikoku wandten und dort die ursprüngliche Lehre weiterpflegten. Wir werden diesen Punkt in anderem Zusammenhang (s. S. 54f) noch einmal berühren und begnügen uns daher hier mit dieser kurzen Andeutung.

III. Bezeichnung der Wallfahrt. Älteste Urkunden und Bücher. Reisebeschreibungen.

Wir hatten oben gesagt, daß die Festsetzung der Tempel auf 88 kaum von Kûkai selbst herrühren könne. Dagegen spricht vor allem die Tatsache, daß die ältesten auf die Wallfahrt bezüglichen Belege nur von dem Weg der Shikoku-Gegend (Shikoku Henro) sprechen, woraus dann später Shikoku Rundweg (Shikoku Henro; „hen" mit einem anderen Zeichen geschrieben) wird[1]. Daß der Name Henro, der heute allgemein zur Bezeichnung für die Pilger geworden ist, schon im Volksmunde der übliche gewesen sein muß, lange ehe die ersten Bücher über die Wallfahrt erschienen, sieht man daraus, daß in den ältesten Büchern zwar die Zeichen „henrei" geschrieben, aber die Furigana „henro" dazugesetzt werden. Eine dialektische Nebenform zu „henro" ist „hendo", was Prof. Kida (Kyôto) zu der irrigen Annahme veranlaßte, daß „hendo" das Ursprüngliche und zwar aus „hen" (rund) und „do" (Land) entstanden sei. Doch ist „hendo" (Pilger) in dieser Schreibung nirgends belegt. Wo man heute die dialektische Form in der Schrift darstellen will, nimmt man entweder Kanazeichen oder die scherzhafte Transkription „hen" (einseitig, merkwürdig) „do" (Kerl). Das einzige Beispiel, das Prof. Kida zur Stütze seiner These anführt, ist eine Stelle in dem Kamakura-Ki des Abtes Takuan: „Jôchiji ni irite mireba sangen shimen no dô ichiu furuki hotoke wo anchi shite doko wo kaisantô to iubekiyô mo naku matsuryû hendo no so hitori kitarite, katsukatsu bôoku chiisaku itonami katawara ni ari ...." (Als ich in den Tempel Jôchi eintrat, fand ich eine Halle von 6 m im Quadrat, in welcher ein altes Buddhabild aufgestellt war. Nirgends etwas, das als Gebäude zum Gedächtnis an den Stifter hätte gelten können. Ein Hendo-Priester von niederem Rang war da; auf der Seite war eine notdürftig errichtete kleine Hütte ....). Wie Prof. Kageura, dem ich den

---

1 Andere Ausdrücke sind heute „O Shikoku-meguri", „O Shikoku-mawari", „O Shikoku-sama", und etwas höflicher „Go Junrei", „Go Jumpai".

obigen Ausführungen in der Hauptsache folge, an Hand verschiedener Belege nachweist, kann mit „hendo" unmöglich ein Pilger gemeint sein. Vielmehr bedeutet es „ländlich, bäuerisch" und hat sich z. B. In der Gegend von Yamagoe in Iyo im Dialekt in dieser Bedeutung bis heute erhalten. Auch die Annahme des Bukkyô Daijiten, daß „henro" aus, „henrei" entstanden sei, ist nach dem Obengesagten zu verwerfen. Daß ein sehr altes Buch, das Konjaku Monogatari (Erzählungen von einst und jetzt) des im Jahre 1077 verstorbenen Minamoto Takakuni von „Shikoku Henchi (oder Henji)" spricht, Kageura sehr wohl ein auf einer Verwechselung von „chi, ji" (Erde) mit „ro" (Weg), das ja auch die Lesung „ji" hat, beruhender Irrtum jenes Minamoto sein. Wir dürfen daher mit Kageura zusammenfassend sagen, daß in ältester Zeit die Bezeichnung „henro" galt, das später durch „henro" und „henro" (jeweils mit anders geschriebenem „hen") ersetzt wurde; als dann dieses Wort die Bezeichnung für den Pilger überhaupt wurde, bildete man für die Wallfahrt eine neue Bezeichnung „henrei". So weist der älteste Führer, der die Tempel schon in der heutigen Reihenfolge angibt, den Pilger an auf seinen Zettel zu schreiben: „Osametatematsuru Henrei Shikokuchû Reijô Dôgyô Futari" (Wallfahrt zu den Heiligen Stätten auf Shikoku, in Ehrfurcht unternommen von zwei Weggenossen).

Daß aber den Zeichen „henrei" die Furigana „henro" beigesetzt werden, zeigt, wie schon gesagt, daß letzteres noch immer der gebräuchliche Ausdruck war. Noch später kam die Bezeichnung „junrei" oder die heute am meisten gebrauchte Wendung

„Shikoku 88kasho Reijô Jumpai Dôgyô Futari" auf, während sich die frühere Form in der Inschrift des Zettelkastens bis heute erhalten hat.

Die Zahl 88 wird zum erstenmal auf einer Tempel-schelle (waniguchi) aus dem dritten Jahre Bummei (1471) erwähnt, die sich in dem Jizôdô des Dorfes Mo-tokawa, Kreis Tosa, Provinz Tosa, findet. Die Inschrift ist stark verwittert und teilweise nicht mehr lesbar. Sie nennt vier Namen, zwei männliche und zwei weibli-che, welche als „ôdanna", d. h. Vertreter einer budd-histischen Gemeinde, bezeichnet sind. Es wäre daher möglich, daß es schon in jener Zeit Gruppen- und stellvertretende Wallfahrten (daisan, s. S. 65) gab[1].

In dem etwas späteren nicht genau zu datierenden Buche Uwa Kyûki heißt es bei dem Abschnitt über den Inari Daimyôjin (heute Nr. 41): „Shikoku 88kasho no ikkasho nari" (Er ist eine der 88 Stätten Shikokus).

Aus dem dritten Jahre Kei-an (1650) ist uns dann der erste „fuda", der Namenszettel eines Pilgers, er-halten. Er befindet sich an dem Schrein der Haupt-gottheit des Emmyôji (Nr. 53) in dem Dorfe Wake bei Matsuyama, ist aus Kupfer und im Gegensatz zu den heute in Shikoku gebräuchlichen Zetteln oben abge-schrägt. Die Inschrift lautet:

---

[1] Die infolge ihrer Lücken unübersetzbare Inschrift findet sich zitiert bei Kageura, S.138.

Kei-an sannen   Kyôgoku

Osametatematsuru Shikokuchû Henro Dôgyô Futari
            Heijin Iyetsugi

Dôgetsu Dôjitsu

[Drittes Jahr Kei-an   Kyôgoku

          (Ortsbezeichnung in Kyôto)

Wallfahrt durch Shikoku in Ehrfurcht unternommen
          von zwei Weggenossen

Denselben Monat, denselben Tag   Bürger Iyetsugi]

Hier fehlt zwar wieder die Zahlenangabe, aber es
ist nach dem bisher Ausgeführten schon zu vermuten,
daß es sich um die 88 Tempel handelt. Ich persönlich
bin sogar überzeugt, daß auch die Tempelschelle die
Weihegabe eines oder mehrerer Pilger darstellt, da sie
wie auch der Zettel die Monatsangabe März enthält
und dies bis auf den heutigen Tag der Monat geblieben ist, in welchem die meisten Pilger die Wallfahrt
antreten. Daß auf dem „fuda" „Wallfahrt durch Shikoku" steht (ohne Zahlenangabe), erklärt sich daraus,
daß die Wallfahrt durch Shikoku das Primäre ist und
ihre Beschränkung, oder was ebensogut möglich ist,
Ergänzung auf 88 Tempel erst später stattgefunden
hat.

Bis in das 16. Jahrhundert finden wir nur verein-
zelte Zeugnisse über die Shikoku-Tempel in anderen
Werken, aber aus dem 15. Jahre Kan-ei (1638) haben
wir die erste Beschreibung einer Pilgerreise und zwar
der eines kaiserlichen Prinzen, Kûshô Hôshinnô, für
ihn von dem Abte Kemmyô des Sugôzan (Nr. 44) ver-

43

faßt. Doch beschränkt sich diese Beschreibung darauf, im 7 5 7 5-Versmaß der buddhistischen Kultgesänge (Wasan) bei dem oder jenem Tempel oder historischen Schauplatz irgend eine poetische Note anklingen zu lassen, während bei dieser anmutigen schöngeistigen Spielerei der Inhalt etwas zu kurz kommt und wir leider so gut wie nichts über Erlebnisse des Prinzen und die Zustände der damaligen Zeit erfahren. So werden gleich die ersten zehn Tempel mit dem kurzen Verse „juri jikkasho uchisugite" abgetan, ohne daß auch nur die Namen genannt werden. Ausführlicher geschildert wird dagegen die Landschaft bei Matsuyama. Das Buch kommt daher als Quelle kaum in Betracht.

Gegen Ende der Periode Jôkyô (1684—88) und am Anfange der Periode Genroku (1688—1704) erscheinen jedoch mit einem Male, meist von Priestern des Kôyasan verfaßt, eine Reihe von Büchern, die sich ausschließlich mit unserer Wallfahrt befassen. Sie sind für den Gebrauch der Pilger bestimmt und daher in einem leicht verständlichen, der Umgangssprache nahekommenden Stile geschrieben. Das älteste ist:

Shikokudô Shi-nan (Führer der Shikokustraße) von Shinnen, einem Priester des Kôyasan, im dritten Jahre Jôkyô (1686) verfaßt, aber erst im ersten Jahre Genroku (1688) erschienen[1]. Das Buch anhält in der

---

[1] Es mag dies als ziemlich spät erscheinen, aber wenn wir damit die Bücher über die Shikoku-Wallfahrt vergleichen, so zeigt sich, daß das älteste Buch über die 33 Kwannontempel, das „Shikoku Meisho-ki" aus dem achten Jahre Empô (1680) nur sechs Jahre älter ist. Während aber bei der Shikoku Wallfahrt in der Genroku-Periode gleich mehrere Bücher erscheinen,

Einleitung die Vorschriften und Ratschläge für die Pilger, Preise und Bedingungen für die Überfahrt von Osaka zu den Häfen von Shikoku usw.; es beschreibt dann den Weg von Tempel zu Tempel, wobei es sich an die heute übliche Reihenfolge hält. Auch bringt es wie die modernen Führer jeweils das Bildnis der Hauptgottheit, sogar in etwas größerer und schönerer Ausführung, dazu noch Angaben wie z. B. die Himmelsrichtung, nach der zu das Hauptgebäude liegt, sowie einige Illustrationen, unter denen besonders die wilden Pferde auf der Weide zwischen Usa und Susaki (Tosa) sowie die Aussicht von dem Passe Misaka auf Matsuyama und die japanische Binnensee sehr gelungen sind. Eine Anzahl Sagen sind eingestreut, die Landschaft da und dort betrieben; so wird die heute schon ziemlich bebaute Gegend von Kuma als wildromantisch geschildert. Auch bei dem Bade von Dôgo hält sich der Verfasser ziemlich lange auf[1]. Zu den

---

kommen nach jenem Buche erst im 11. Jahre Kyôho (1726) und noch später im 5. Jahre An-ei (1776) weitere Werke heraus.

[1] „Das Bad von Dôgo haben seit dem Kaiser Keikô Prinzen der verschiedensten Geschlechter aufgesucht, wie man aus dem Nihongi ersieht. Unter der Regierung der Kaiserin Suiko geruhte auch Kronprinz Shotoku hierherzukommen. Die Badetröge von Dôgo, von denen das Genji Monogatari spricht, sind hier. Der Badebecken gibt es fünf: Das erste ist das Kagiyu (vielleicht von dem nicht ortskundigen Verfasser verschrieben für das heute noch existierende Kami no Yu, mit dem die Beschreibung übereinstimmt), in welches gewöhnliche Leute nicht hineindürfen. In diesem Bade befindet sich ein Steinbild des Yakushi, zu dessen Füßen das heiße Wasser hervorsprudelt wie ein Gießbach.

praktischen Ratschlägen, die das Buch dem Pilger gibt, gehört z. B. der Rat, sich an einem gegebenen Orte mit allem Nötigen zu versehen, da es für die nächste Strecke so und solange nichts zu kaufen gebe, oder die Angabe, wo und wie jedesmal beim Eintritt in eine neue Provinz die Ausweispapiere zu regeln sind, oder auch die Anweisung, im Falle von hohem Wasserstand seinen Zettel für den 37. Tempel an der Fähre des Flusses abzugeben, da es dam unmöglich sei überzusetzen[1]. Auch geht aus einer Stelle des Buches hervor, daß der höchste Berg von Shikoku, der Ishizuchi nur am Anfange des sechsten Monats jedes Jahr drei Tage der Besteigung geöffnet war; dagegen werden die drei eisernen Ketten die heute eine Etappe der Besteigung bilden, zum erstenmal in der Periode Bunkwa erwähnt.

Ein zweites Buch, Shikoku Reijô-Ki (Chronik der Heiligen Stätten von Shikoku, 7 Bändchen), entstammt ebenfalls dem Anfang der Ära Genroku. Der Verfasser, Jakuhon, ein Priester des Kôyasan, erwähnt in der

---

„Das zweite Bad ist für die Frauen bestimmt, das dritte für die Männer, das vierte heißt „Lebenspendendes Bad" (Yôjô); Badegäste aus allen Ländern, Männer und Frauen ohne Unterschied, kommen ohne Unterbrechung Tag und Nacht hierher. In das fünfte Bad gehen die Eta (Angehörige der ausgestoßenen Kaste sowie Pferde und Ochsen.....“

[1] Ich kam auf der Wallfahrt nach einem großen Regenguß an eine Stelle, wo der Wegweiser unzweideutig in ein Flußbett hineinwies, in welchem sich mannshohe schmutzige Fluten wältzen; zum Glück wies mir jemand eine ungefähr dreiviertel Kilometer flußabwärts befindliche Brücke, so daß ich die Wanderung nicht zu unterbrechen brauchte.

Vorrede Shikokudô Shi-nan, das er als zu wenig ausführlich bezeichnet und daher erweitern will. Er bringt von jedem Tempel eine Skizze, welche Anlage und Verteilung der Gebäude zeigt; auch der Text ist erweitert, die Wegbeschreibung noch genauer.

Drittens: Shikoku Henrei Kudoku-Ki (Chronik der Wunderkraft der Shikoku-Rundfahrt) stammt aus dem dritten Jahre Genroku und hat zwei Bändchen. Es beschäftigt sich, wie wir schon oben sahen, etwas mit der Herkunft der Wallfahrt und bringt dann einige Geschichten von Wunderheilungen sowie einige Sagen, die auch das älteste Buch enthält. Auch die Motive zu den zahlreichen Holzschnitten sind z.T. dem Shikokudô Shi-nan entlehnt.

Die genannten Bücher waren alle für jene Zeit etwas kostspielig; das siebenbändige kostete z. B. 5 Momme Silber. Für weniger gefüllte Börsen fand ich jedoch in dem Shikokudô Shi-nan ein kleines Bändchen angezeigt, Shikoku Henrei Michishirube Wegweiser für die Shikoku-Wallfahrt), dessen Preis sicher nicht zufällig auf 88 Mon festgesetzt war.

Ein weiteres Buch Kôbô Daishi Sangi-Ho (Beitrag zum Lobe und zur Erklärung des Kôbô Daishi, drei Bändchen) steht zwar auch im Shikokudô Shi-nan angezeigt, doch war es mir unmöglich, ein Exemplar dieses Buches aufzutreiben.

Im Jahre 1747 erschien der erste Versuch einer Karte der Wallfahrt Shikoku Henreizu (Karte bzw. Bild der Shikoku-Wallfahrt). Der Verfasser, Hosoda Keifu (o. Kyôfu) bedauert, daß es von der Shikoku Pil-

47

gerfahrt keine bildliche Darstellung gebe, und macht sich daran, diese Lücke auszufüllen.

Die alten Bücher sind durchweg sehr schwer aufzutreiben, da sie in der Regel dem Pilger bei seinem Tode zusammen mit dem Schriftopferbuch und — wenigstens in der Gegend um Matsuyama — mit einem Bändchen Hymnen der 33 Kwannontempel mit in den Sarg gegeben wurden (und noch werden).

Wir werden später noch des öfteren Anlaß haben, auf den konservativen Zug hinzuweisen, der die ganze Wallfahrt beherrscht. Er zeigt sich auch, wenn wir die genannten Bücher, vor allem Shikokudô Shi-nan, mit späteren Werken vergleichen. Die Anlage bleibt im großen und ganzen dieselbe; ganze Abschnitte der früheren Bücher werden wortwörtlich in die späteren übernommen, nur mit dem Unterschied, daß die neueren Bücher mehr und mehr auf ausschmückendes Beiwerk wie Sagen oder eingehende Landschaftsschilderung verzichten und sich enger auf ihre eigentliche Aufgabe des Wegweisers und Vademecums beschränken; ein Führer aus der Periode Bunkwa und einer aus der Periode Tempo, die mir bei Abfassung dieser Arbeit zur Verfügung standen, stimmen in ihrem größeren Teile genau mit dem alten aus der Periode Jôkyô überein, doch fehlen bereits auf die Schilderung der Landschaft bezugnehmende Stellen, soweit sie nicht direkt die Beschaffenheit des Weges angehen; auch von den Sagen sind die eine oder die andere ausgelassen, wenn sie auch in der Hauptsache noch unverändert übernommen sind. Der heutige Führer (Titel s. Lit.-Nachw.) dagegen hat auch diese nicht mehr, sofern sie nicht unmittelbar auf die Gründung eines Tempels Bezug nehmen. Umgekehrt ist der einleitende Teil, der die Vorbereitungen zur Reise, Ausrüstung usw. behandelt, mit der Zeit ausführlicher geworden. Er bringt vor allem auch genau die Gebete, die der Pilger bei jedem Tempel zu verrichten hat. Ebenso ist die Beschreibung des Weges, die Bestimmung der Entfernungen, Angabe der Unterkunftsmöglichkeiten usw. heute genauer, die Angaben über Gründer und Neugründer der Heiligen Stätten — vielleicht auf Kosten der historischen Treue — lückenloser. Aber auch das heutige Buch zeigt auf dem Umschlag noch im Druckbild die Schleifen der Heftschnüre.

Eine Ausnahme macht ein Buch, welches im 28. Jahre Meiji (1895) in Matsuyama erschien und den Titel Koseki Yûran Shikoku Meishoshi (Führer zur Besichtigung der historischen Denkmäler und zu den Sehenswürdigkeiten Shikokus; kurz: historischer Führer Shikokus) führt. Dieses Buch war zwar auch als Führer für die Wallfahrt gedacht, bringt aber daneben auf beinahe 350 Seiten eine Fülle von Angaben über andere Tempel, Schlachtfelder, historische Stätten, Zitate aus alten Quellen vom Kojiki und Nihongi anfangend, unter besonders eingehender Behandlung der Provinz Iyo. Außer vier Kupfern finden wir auch eine Liste von über 200 irgendwie auf Shikoku bezüglichen Büchern. Leider sind in dem Buche jedoch Glaubwürdiges und Zweifelhaftes kritiklos nebeneinandergestellt, und da die Erben des Verfassers alle die wertvollen alten Bücher und Urkunden, die jener besessen und benutzt hatte, als Makulatur verkauft haben, ist es in den meisten Fällen unmöglich, die in dem Buche enthaltenen Angaben nachzuprüfen. Das Neueste auf dem Gebiet der Führerliteratur stellt jedoch ein „Landwirtschaftlicher Führer längs der Shikoku-Wallfahrtsstraße" dar, der im Sept. 1929 von den landwirtschaftlichen Vereinen der vier Provinzen herausgegeben wurde und den Zweck verfolgt, den für landwirtschaftliche Fragen interessierten Pilger auf alles Sehenswürdige, insbesondere auch auf die zahlreichen genossenschaftlichen Musterbetriebe aufmerksam zu machen.

Von eigentlichen Reisebeschreibungen sind mir außer der des Prinzen Kûshô nur drei zu Gesicht gekommen, auf die ich später mehrfach Bezug nehmen werde.1. Shikoku Henrei Dôgyô Futari, Verfasser Shikoku-zaru[1] für Kan Kikutarô, z. Z. Professor an der Landwirtschaftsschule in Matsuyama; erschienen 1903 in der Tôkyôer Zeitung, „Niroku Shimbun". Diese Beschreibung bringt viele interessante Beobachtungen; den Wundern des Daishi gegenüber zeigt sich der Verfasser etwas skeptisch und bringt seine eigenen rationalistischen Erklärungen. Sprachlich auffallend ist die starke Untermischung des damaligen Stiles mit chinesischen Ausdrücken, die heute fast außer Gebrauch gekommen sind.

---

[1] Shikokuzaru, d.h. Shikoku-Affe, ist ein Spitzname, der wohl davon kommt, daß früher viele Affentreiber aus Shikoku, vornehmlich aus Awa stammten, er wird den Einwohnern von Shikoku beigelegt, um sie kleinlich, wenig originell, nur zur Nachahmung der andern geschickt hinzustellen.

2. Shikoku Henro Dôgyô Futari, Verfasser Kani-kumo, Pseudonym für den damaligen Redakteur Shinohara der Zeitung Ehime Shimpô zu Matsuyama, in deren Spalten auch die Beschreibung zwischen September und November 1926 erschien. Der Verfasser stellt manche soziale Betrachtungen an - er ist später in die Arbeiterbewegung eingetreten - bringt manche recht derbe Intermezzi und gibt schließlich die Reise auf, da er ihrer überdrüssig wird.

3. Shikoku Henro, Verfasser Tomita Kôjun, Professor an der buddhistischen Hochschule Taishô Daigaku zu Tôkyô und Priester des Hôsenji in der Nähe der Hauptstadt; das Büchlein erschien im November 1926 in Tôkyô, hat wie die anderen Beschreibungen die Form eines Tagebuches und ist besonders lehrreich, weil es die Beobachtungen eines Priesters schildert und viele neue Gesichtspunkte bringt.

B. DIE TEMPEL.

I. Zahl und Verteilung auf die vier Länder. Die vier Glaubensstufen.

Über die Festsetzung der Zahl der Tempel auf 88 gibt es verschiedene Theorien. Die wahrscheinlichste ist die, daß die 88 Tempel die Trübungen der Sinne, die 88 Leidenschaften, darstellen[1]; indem der Pilger von Tempel zu Tempel zieht und seine Übungen verrichtet, wird er diese Leidenschaften eine nach der anderen los und kehrt geläutert nach Hause zurück, wofern ihn nicht, wie Kanikumo boshaft bemerkt, unterdessen die ersten von neuem befallen haben, bis er der achtundachtzigsten ledig geworden ist. Eine andere Auslegung, die von buddhistischen Theologen gerne angenommen wird, ist die, daß Kôbô Daishi in China Erde von den acht berühmten indischen Buddhatempeln bekommen, diese bei der Gründung von acht Tempeln in Shikoku benutzt, das Zehnfache dieser Zahl an Tempeln bestimmt bzw. gegründet und so die Wallfahrt eingeführt habe. Diese Theorie setzt jedoch voraus, daß Kûkai tatsächlich der Begründer der Wallfahrt ist, was, wie wir schon sahen, den historischen Tatsachen nicht entspricht. Eher wäre möglich, daß außer der zuerst genannten Erklärung noch der Ge-

---

[1] Meistens zählt man nicht 88, sondern 108 Leidenschaften, weshalb ein moderner Führer von den zahlreichen Bangai (außer der Reihe liegenden Tempeln) noch die 20 glaubwürdigsten auswählt, um auf diese Zahl zu kommen.

danke an das Schriftzeichen für Reis, das, in seine Bestandteile zerlegt, zu 88 wird, bei der Festsetzung der Zahl mitgewirkt hätte. Diese Auslegung fügt sich um so besser in das Gesamtbild ein, als viele Pilger auf ihren Zettel den Segenswunsch „Gedeihen der fünf Getreidearten" schreiben, unter denen ja der Reis die wichtigste ist. Eine letzte Theorie, daß 88 die gefährlichen Alter des Mannes, der Frau und des Kindes (42; 37; 9 bzw. 42; 33; 13) als Summe darstelle, ist höchstens bemerkenswert, weil sie das Eindringen europäischer Ideen zeigt; denn die Auffassung von 13[1] als Unglückszahl ist ursprünglich dem Japanischen fremd.

Die Reise beginnt heute an dem Reisanji in Bandô bei Tokushima[2]. Dies ist die schon in dem ältesten überlieferten Buche angegebene Reihenfolge. Sie gründet sich darauf, daß Kûkai bei seinem Besuche in dem Dairyûji von Kyôto kommend hier gelandet und landeinwärts gezogen sei. Bis zur Periode Genroku muß indessen diese Ordnung noch nicht unbedingt bestanden haben, da das nur wenige Jahre spätere Shikoku

---

[1] Daß 13 heute schon in weiteren Kreisen als Unglückszahl gilt, zeigt das Beispiel der Ishizaki Dampfschiffahrtsgesellschaft, deren Schiffe zw. Mitsugahama bei Matsuyama und Onomichi bzw. Ujina laufen. Nach dem Dampfer Aioi-Maru Nr. 12 wurde gleich Nr. 15 gebaut, da 13 und 14 Unglück bedeuten, 14 wegen der mit „shi" (Tod) gleichlautenden Zahl 4.

[2] Es ist dies der Platz, der auch vielen Deutschen bekannt ist, deren Angehörige nach dem Fall vom Tsingtau, bzw. in Jahre 1916 nach dem in der Nähe befindlichen Truppenübungsplatz in Gefangenschaft abgeführt wurden. Die Kapelle des Marine-Batallions von Tsingtau hat mehr als einmal in dem Reisanji gespielt.

Reijô-Ki verlangt, daß man die Wallfahrt in dem Geburtsorte Kûkais, dem heutigen Zentsûji (Nr. 75), antrete. Wenn sich auch diese Forderung nicht durchsetzen konnte und man heute vom Reisanji an durch die Provinzen Awa, Tosa, Iyo und Sanuki zählt und den Ôkuboji in der zuletzt genannten Provinz als den Schlußtempel, als den Erfüllungsort bezeichnet, so ist diese Zählung doch nicht bindend; denn kein Pilger ist verpflichtet, die Wallfahrt in dieser strengen Reihenfolge zu absolvieren, noch sie an einem bestimmten Tempel zu beginnen; er mag auch einige Tempel auslassen und sie später nachholen; er kann an jedem beliebigen Tempel anfangen und sogar in umgekehrter Richtung wallfahren: der dem Gläubigen versprochene leibliche und geistige Gewinn wird ihm dadurch nicht im geringsten geschmälert.

Die Verteilung auf die einzelnen Provinzen gestaltet sich wie folgt:

Awa	(Reg.-Bez. Tokushima)	Nr. 1—23.	23 Tempel
Tosa	(„ Kôchi)	Nr. 24—39	16 „
Iyo	(„ Ehime)	Nr. 40—65	26 „
Sanuki	(„ Kagawa)	Nr. 66—88	23 „

Über diese Verteilung gibt es eine poetisch-erbauliche Auslegung, wonach jede der vier Provinzen eine der vier Glaubensstufen Hosshin, Shugyô, Bodai und Nehan (Erweckung des gläubigen Herzens, Übung im Wandel, Erwachen, Nirwana) darstellt.

Awa.

In Awa liegen die Tempel, vor allem die ersten zehn, meist dicht beieinander. Von dem ersten bis zum zehnten sind kaum sechs Ri (24 km), so daß die Einwohner jener Gegend diese Tempel hin- und rückwärts als eine Tageswallfahrt bezeichnen und besuchen. Man geht durch freundliche Maulbeerpflanzungen das Tal des Yoshino hinauf. Keiner der ersten Zehn liegt besonders hoch; nachdem man vom Nr. 10, dem Kirihataji, noch einmal die schöne Aussicht auf das Tal des Yoshinogawa und auf die blauen Berge genossen, setzt man auf einer Fähre über den Fluß, dessen Bett an dieser Stelle über 900 m breit ist[1], und erreicht bald den elften Tempel. Der zwölfte, der Shôsanji, liegt zwar in beträchtlicher Höhe, 6—700 m, aber die folgenden Tempel sind alle wieder ziemlich in der Ebene; wir ziehen talabwärts, machen um Tokushima, die Hauptstadt der Provinz, einen Bogen und nähern uns, nachdem wir die Grabstätte von Kûkais Mutter, den Onsanji mit seinem stimmungsvollen Bergfriedhof, besucht haben, unweit Komatsushima der Küste. Vom 19. Tempel, dem Tachieji an, gehen wir wieder ins Gebirge; auch liegen die folgenden Tempel etwas weiter auseinander, aber langsam, wie man ein Kind vom Leichteren zum Schwereren führt, ist auch der Pilger allmählich an die Anstrengung gewöhnt worden; er hat die Lieder und Gebete gelernt und überdies wird er für die Mühe des Weges bei dem

---

[1] Der Wasserspiegel hat eine geringere Breite, doch ist das bis zum Grunde völlig klare Wasser 6—7 m tief.

20. Tempel und bei dem 21., dem Dairyûji, durch den Anblick prachtvoller Tempelanlagen entschädigt, von einer Vollständigkeit und in einer zauberhaften Naturstimmung, wie er sie nur bei wenigen Tempeln der Reise wiederfinden wird. Überall auf dem Wege laben ihn frische Quellen; zwischen dem Kakurinji und dem Dairyûji erquickt ihn das schöne Tal des Naka-Flusses; hinter dem Dairyûji betritt er mit Schauern die größte Tropfsteinhöhle der Insel, die Drachenhöhle, aus deren Innern ihm ein eisiger Hauch entgegenweht, während sich an den im flackernden Kerzenschein feuchtschimmernden Wänden das Rauschen des zu seinen Füßen strudelnden Gießbaches hundertfältig bricht. Weiter geht es durch freundliche Täler, wo ihm milde Hände Tee reichen, und wenn endlich der ungeheure Spiegel des Stillen Ozeans vor seinen Augen erglänzt und der Pilger die steinernen Stufen zu dem Yakuôji von Hiwasa emporgestiegen ist und auf das saubere Städtchen und den Hafen hinunterschaut, ist in ihm das Hotsu Bodaishin, die Erweckung des gläubigen Herzens, vollzogen.

Tosa.

Aber nun, da er sich anschickt, Tosa zu besuchen, wird es mit einem Male anders. Endlos lang zieht sich die Landschaft und mit ihr der Weg an der Küste des Ozeans entlang. Die Heiligen Stätten werden selten, ja oft vergeht ein ganzer Tag oder auch mehrere, ehe er wieder eine erreicht. So muß er schon vom Yakuôji bis zum nächsten Tempel über 20 Ri (80 km) zurücklegen. Der Weg in Tosa nimmt mehr als ein Drittel der Wallfahrt in Anspruch, obwohl die 16 Tempel der Provinz weniger als ein Fünftel der Gesamtzahl ausmachen. Dazu war er in früheren Tagen ungeheuer beschwerlich, ja an einer Stelle hörte er an der Felsenküste vollständig auf, man mußte mit hochgeschürztem Gewande eine Strecke über Steine wandern, die von der Brandung des an jener Stelle immer unruhigen Meeres bespült waren und beim geringsten Fehltritt ins Rutschen zu kommen und den unvorsichtigen Pilger in ein salziges Bad gleiten zu lassen drohten. „Tobiishi, Haneishi, Gorogoroishi" (Hüpfsteine, Springsteine, Rollsteine) nannte man jene gefährliche Stelle. Heute rühmt sich Tosa seiner guten Straßen, aber wo der Pilger zieht, sind auch jetzt noch vielfach die Wege schlecht. Jeder, der eine Wanderung nach einem bestimmten Ziele macht, weiß, wie unangenehm es ist, wenn man ein Stück des Weges, das man hinter sich glaubt, noch einmal zurücklegen muß. Auch dies bleibt dem Pilger in Tosa nicht erspart; während er an anderen Tempeln auch da und dort einmal ein paar hundert Meter zurückgehen muß, ist es hier an zwei Tempeln gleich eine ganze Wegstunde, am 38. Tempel sind es sogar sieben. Von den 488 beschwerlichen Steigungen, die der Wallfahrer früher zählte, lag ein großer Teil in Tosa; selbst Kôbô Daishi hatte nach der Überlieferung mit ihm Mitleid und erlaubte ihm an einer Stelle für ein größeres Stück die Bootsfahrt (Gomen no Watashi, die gnädigst erlaubte Überfahrt, genannt, zwischen Usa und Nakanouchi), um ihm einen allzu unangenehmen Teil des Weges, die acht Steigungen (jap. „yasaka") zu ersparen. Zu allem Überdruß ist sogar das Meilenmaß länger. Waren in Awa 48 Chô ein Ri, so sind es jetzt 50. Da gilt es das zum Glauben erweckte Herz an allen Widerständen zu stärken, sich durch Schwierigkeiten und Hindernisse nicht beirren zu lassen, den Wandel zu üben und im Pilgerstande zu beharren, selbst wenn es ohne Schande und Schimpf nicht abgeht.

Das ist nämlich das Merkwürdige: nicht nur der Weg und die Landschaft sind verschieden, auch die Menschen und ihre Haltung gegenüber den Wallfahrenden haben sich geändert. Gleichwie die Häfen von Tosa hinter Felswänden tief eingebuchtet und versteckt liegen, mit einer schmalen Einfahrt, die auch der ortskundige Schiffer vom Sturme überrascht gar leicht verfehlt, so hat auch der Charakter der Tosaleute seine verborgenen Tiefen und ist nicht leicht zugänglich; trotzig und finster ragen die Klippen ins Meer hinaus, so steht auch er dem Fremden zunächst wie einem Feinde gegenüber; heißer glitzert die Sonne über die See, die der dunkle Meeresstrom aus dem Süden erwärmt, heißer auch rinnt das Blut in den Adern des Tosamannes und verwegener, ja gefährlich blitzen seine Augen; an dem unermeßlichen Ozean weitet sich der leibliche wie der geistige Blick; im Kampf mit dem Weltmeer bildet sich der Wagemut — der Mut zur Verantwortung, aber auch der Wagemut der Spieler — ganz anders als drüben an der Inlandsee, wo man jederzeit in der Not eine Insel vor sich hat. Bist du hier einmal aus dem schützenden Hafen heraus, so heißt es: „ato de yoritsuku shima nashi" (eine Insel zum Anlaufen gibt es fortan nicht mehr). Navigare necesse est, vivere non est necesse: dem Korallenfischer, der tagtäglich unter Lebensgefahr seiner Arbeit nachgeht, was gilt ihm ein Menschenleben? Dem übrigen Japan abgekehrt wohnt er und fühlt sich doch als der beste Patriot von allen; stark in der Liebe und stark im Haß, rücksichtslos und rasch entschlossen, tatkräftig und für alles Heldenmäßige begeistert: so finden wir den Bewohner von Tosa. Es ist das Land der großen Staatsmänner, aber auch das der Totschläger. „Teufelsland" nennt es der Pilger heute noch wie vor alters und denkt mit Schaudern daran, daß sie dort noch vor kaum 60 Jahren vom dritten Kinde an jedes weitere töteten — ein grausames Zweikindersystem, dem die Bevölkerung jedoch heute noch ihre körperliche Tüchtigkeit verdankt. „Teufelsland" sagt der Pilger und wiederholt den Vers, den er schon vorher gehört:

„Tosa wa onikuni Yado ga nai"

(In Tosa, in dem Teufelsland, Ist mit Quartier man übel dran.)

Vor 26 Jahren schreibt Shikokuzaru: „Die Leute in Tosa stehen dem Daishi äußerst gleichgültig gegenüber, milde Gaben sind sehr selten; die Herbergsväter und -mütter wie auch die Fährleute, alle sind sie äußerst geldgierig; ‚es ist wie eine Wallfahrt ins Feindesland', hatte man mir schon vorher gesagt. Das ‚to' am Hute der Pilger (als Kennzeichen, daß sie aus Tosa stammen) findet man nur selten."

Es scheint, daß der Buddhismus dem Charakter des Tosabewohners weniger zusagt. Nirgends in Shikoku wurde der Buddhismus grausamer nach der Restauration verfolgt als gerade hier. Es ist ein Wunder, daß trotzdem noch einige sehr alte Gebäude aus der Kamakurazeit (T. 24, T. 29, T. 32, T. 38) jene Jahre der Zerstörungswut überlebt haben. Auch einige wertvolle Schätze blieben erhalten, da sie die Priester rechtzeitig beiseitegeschafft (vor allem in T. 24 und T. 31). Tosa ist die einzige Provinz, in welcher man, entgegen dem Geiste des von Kôbô Daishi vertretenen Berggipfelbuddhismus, einen Wallfahrtstempel nach der Restauration in eine Stadt verlegte, um die ursprüngliche Wallfahrtsstätte in einen reinen Shintôtempel zu verwandeln. Als eine Folge jener Unterdrückungen sind viele Tempel in Tosa heute noch ziemlich verwahrlost — sabishii, wie der Japaner sagt — und beginnen erst jetzt sich allmählich zu erholen; aber bis auf diesen Tag sind die prächtigen Nationalschätze des durch Kôbô Daishis historisch erwiesene Anwesenheit doppelt ehrwürdigen Higashidera (und auch die des Godaisan bei Kôchi) in einer durchaus unwürdigen Weise untergebracht. Der Iwamotodera (Nr. 37), früher Fünftempel genannt, der eine prächtige Anlage mit fünf großen Buddhabildern hatte, sah sich seiner Gebäude und des Tempelgrundes beraubt und mußte in einen kleinen in einem anderen Orte gelegenen Nebentempel ziehen, dessen Haupthalle jetzt mit dem durch eine Blechleiste verlängerten Dach einen durchaus erbärmlichen Eindruck macht.

Wie rücksichtslos man damals in Tosa vorging, kann man daraus sehen, daß eine Zeitlang kein Pilger Tosa betreten durfte und die Wallfahrer von dem 23.

Tempel an, wo sie die Schriftopfer für die Tosatempel erledigten, um Tosa herumziehen mußten. Einige Zeit darauf wurde im Bezirksrat in Kôchi ein Beschluß gefaßt, wonach nur diejenigen Pilger einzulassen seien, die sich als im Besitze der zu ihrem Unterhalte nötigen Mittel befindlich ausweisen könnten; die zur Durchführung der Kontrolle nötigen Gelder wurden als Pilgervertreibungskosten (o. Kosten zur Säuberung von Pilgern) in das Budget eingesetzt. Heute kann der Pilger zwar wieder ungehindert durch das Land ziehen, aber sehr geachtet ist er noch immer nicht. Wer den Pilgerstab trägt, und sei er auch in europäischer Kleidung, wie ich es war, wird in Tosa in der Regel an jedem anständigen Gasthause abgewiesen, wie ich am eigenen Leibe mehrfach erfahren mußte. „Mappira" oder „tsukaete imasu" („Bedaure" oder „alles besetzt") lautet die stereotype Antwort. Wenn jemand schon auf die Wallfahrt geht, denkt man in Tosa, so soll er auch die Folgen tragen und in dem „kichinyado", in der Holzgeldherberge, sein Unterkommen suchen. Ja, wenn man wie ich die Wallfahrt im Sommer unternehmen muß, kann es einem wie mir geschehen, daß man selbst in der Holzgeldherberge abgewiesen wird mit der Begründung, daß die Seidenzucht zu viel zu schaffen mache. Mit einem seelischen Ruck trennt man sich von dem Anblick reich beladener Tablette, die für einen Festschmaus gerichtet unter dem das ganze Zimmer füllenden aufgespannten Moskitonetze stehen, schleppt in der Abenddämmerung die müden Beine noch über einen hohen Berg und wieder hinunter ins Tal und muß noch froh sein, wenn man schließlich nach langem Bitten und anfänglicher Ablehnung bei einer Schale kalten Reises und zwei Scheibchen gepökelten Rettichs im nächsten Tempel sitzt; denn ein Weggenosse, der am folgenden Morgen nachkommt mußte dieselbe Nacht unter freiem Himmel zwischen Muscheln und Krabben am Meeresstrand zubringen.

Ist es Zufall, daß zwei Legenden, in denen Kûkai hartherzig Leute bestraft, ausgerechnet in Tosa spielen? Daß Shikokuzaru im Jahre 1901 an dem Tsudera in Tosa (Nr. 25) eine große Schläge drei zwischen Pilgern und den Priestern dieses Tempels, welche jene zu überfordern versuchten, erlebte ? Daß mir an demselben Tempel außer der gewohnten Gebühr noch „10 Sen für einen Ziegel an dem neu zu errichtenden Glockenturm" abverlangt wurden? Wahrlich, die Geduld des Wallfahrers wird in diesem Abschnitt der Reise mehrfach auf eine harte Probe gestellt, selbst heute noch. Wie sehr früher erst das Teufelsland den Pilger ansteckte und bei ihm die Milch der frommen Deckungsart verderben konnte, sieht man daraus, daß nach Shikokuzaru viele Pilger, wenn sie der 39. Tempel, den Terayamaji bei Sukumo, hinter sich hatten und in dem schönen Hafenstädtchen noch einmal die Erniedrigung erleben mußten, daß keine Herberge in dem eigentlichen Städtchen ihnen Quartier gewährte — die Pilgerherbergen liegen auch heute noch auf der anderen Seite der Brücke in einer Vorstadt — wenn sie dann zum Matsuozaka-Paß, der Grenzscheide zwischen Tosa und Iyo, emporgestiegen waren und die ganze Bucht von Sukumo mit ihren zahllosen Inselchen, ihren bizarr geformten Landzungen und vielfach geschlungenen Meeresarmen vor ihnen lag: daß die Pilger dann keinen Blick mehr übrig hatten für das einzigartige Panorama, sondern nur noch Tosa den Rücken zukehrend ihr Gewand hochnahmen und dem Teufelsland ein übelriechendes Denkmal setzten. Dieses sogenannte Dunggrab des Matsuozaka-Tôge existiert nicht mehr, wenngleich auch heute die Vegetation dort sehr üppig ist; aber bis heute atmet der Pilger erleichtert auf, wenn er Tosa hinter sich hat[1].

Iyo.

Die Häuser von Sukomo, der letzten Stadt in Tosa, machen einen etwas düsteren Eindruck. In dem ersten Dorfe, das wir in Iyo erreichen, finden wir das Fachwerk der Häuser, die Tür- und Fensterrahmen alle in einem freundlichen Rot gestrichen und so bleibt es

---

[1] Es versteht sich, daß ich auch in Tosa neben weniger freundlichen auch sehr liebenswürdige Priester und andre Leute fand, so eine sehr entgegenkommende Nonne in dem 27. Tempel, der ich sogar meinen Namen usw. in ein besonderes Buch aufschreiben mußte; ferner im Tempel Nr. 31 u. Nr. 32, wo ein Teekessel auf dem Feuer stand, mit der schriftlichen Bitte daneben sich auszuruhen, und einen Schluck Tee zu nehmen; auch der Priester des 33. Tempels, ein Anhänger der Zensekte, zeigte sich sehr nett und verständnisvoll. Eine im Hause von Bekannten angestellte ältere Frau, welche 1926 eine erblindete 77jährige Greisin um die 88 Tempel herumführte, erzählte mir, daß nach ihrer Erfahrung man auch in Tosa reichlich Almosen bekomme, wenn man sehr frühe am Morgen „solange die Leute noch in den Schlafgewändern sind" vorspreche; dann sei man sicher Reis zu bekommen; nach zehn Uhr morgens sei jedoch das Shugyô (s. S. 97ff.) aussichtslos.

durch den Süden der Provinz. Freundlich sind auch die Menschen und erwidern unseren Gruß nicht nur mit einem knappen, jede weitere Unterhaltung von vornherein abschneidenden „hai", wie wir es in Tosa gehört hatten. Es genügt schon, den Leuten eine Weile beim Gespräch zuzuhören und man wird den Unterschied zwischen der knappen, klaren und bestimmten Aussprache der Leute in Tosa und der gemütlichen fast gedehnten Sprechweise derer in Iyo merken. Nirgend habe ich z. B. die Worte „arigatô gozaimasu" mit einer ähnlich freundlichen Note sagen hören als wie gerade hier, ja schon das eine Wort „nâmoshi"[1] das zur Abrundung der Sätze gerne und häufig angewandt wird, reichte hin, um den gemütlichen Charakter der Iyoleute zu kennzeichnen. Der größere Teil der Provinz erstreckt sich längs der japanischen Binnensee, jenes unübertrefflich schönen Naturparks. Nimmt man die frohe und doch besinnliche Art der Bewohner dazu, so ist es kein Wunder, daß Iyo das Land der Dichter geworden ist, insbesondere der Haikudichter. Wo sonst wird diese Perle der japanischen Dichtung auch nur annähernd in solchem Maße gepflegt als wie hier in dem Lande, das Japan einen Shiki, einen Kyoshi und eine Hekigotô geschenkt hat ? Man sagt zwar, daß es den Einwohnern Iyos an Größe fehle, immerhin stammt auch der größte japanisch Dramatiker, Chikamatsu Monzaemon, von der Mutterseite her aus Iyo (Matsuyama) und besonders im Norden der Provinz,

---

[1]   Dieses Füllwort entspricht in seiner Bedeutung dem in manchen Gegenden Deutschlands gebräuchlichen Füllsatz „sag' ich Ihnen".

in der Gegend um Imabari[1], hat es den Leuten noch nie an Unternehmungsgeist gemangelt.

Daher freut sich der Pilger, wenn er nach Iyo kommt. Zwar muß er auch hier noch manche Paßhöhe überwinden, manche steilen Gipfel erklimmen, auch wenn er nicht, wie viele es tun, an die Wallfahrt zugleich die Besteigung der höchsten Erhebung der Insel, des Ishizuchi, anschließt. Aber daneben wandelt er auch an den Höhen des Glaubens. Die Tempel sind alle wohlbestellt, freundliche Priester erschöpfen sich in besonderer Unterweisung; es gibt Tempel, wo jeder Pilger, und sei es auch noch so früh an Tage, angehalten und zum Übernachten aufgefordert und wo auch für seine Erbauung gesorgt wird, so im Butsubokuji unweit Uwajimas, so im Kôonji bei Komatsu u. a.[2]

Wußte die Legende in Tosa von hartherzigen Frauen zu berichten, die dem Daishi Kartoffeln oder

---

[1] Die Flanellindustrie wurde z. B. schon sehr früh in Imabari begründet, gleichfalls war es ein Arzt aus Imabari, der in den vierziger Jahren des vorigen Jahrhunderts nach Nagasaki reiste, um von Siebold das Impfen zu lernen.

[2] Als Zeichen der religiösen Aufnahmebereitschaft der Bevölkerung in Iyo läßt sich anführen, daß das Christentum auch dort sehr frühe Eingang fand. Unter denen, die seinerzeit von den portugiesischen Missionaren bekehrt wurden, befanden sich sogar mehrere Samurai des Daimyô von Uwajima. In dieser Stadt werden noch heute in verschiedenen Häusern kleine Bronze (oder Messing-) münzen aufbewahrt, die auf der Vorderseite das Bildnis des Ignatius von Loyola, der vor dem Kruzifix die Hände gefaltet hält, zeigen und die wegen der auf der Rückseite abgebildeten Madonna im Volksmunde Kwannonpfennige (kwannonsen) genannt werden.

Muscheln vorenthielten oder von Teufeln, die ihn in seinen Gebetsübungen zu stören versuchten, so berichtet sie jetzt von einem freundlichen Alten, die ihn auf seiner Kuh durchs Gebirge reiten läßt, von einer Frau der er aus Kindsnot hilft, oder von der Kwannon, die aus schwerer Seenot errettet. Auch außerhalb der Wallfahrtsstätten sind in Iyo die Überlieferungen, die zum Daishi in Beziehung stehen besonders zahlreich; hier hat er ein Buddhabild in einen lebenden Baum geschnitzt, dort eine Quelle sprudeln lassen, wo anders wieder im 37. oder im 42. Lebensjahre Goma-Brandopfer und andere Riten vollzogen, um die Gefahr des Jahres zu bannen. Die meisten außerhalb der Reihenfolge stehenden, aber doch von der Mehrzahl der Pilger besuchten „Bangai" genannten Tempel liegen in Iyo, so der prächtige Shussekiji bei Ôzu[1] oder das Allerheiligste (Oku no In) des 65. Tempels, des Sankakuji, der wundervoll gelegene Senryûji, seit alters der Frauen-Kôya genannt, der auch alle Pilger beherbergt und sie allabendlich an dem Goma-Brandopfer teilnehmen läßt. „Die Leute in Iyo sind am mild-

---

[1] Es gibt einen Zipfel in der Provine Iyo, in welchem merkwürdigerweise keine Wallfahrtstempel sind, obwohl Tempel wie der obengenannte Shussekiji erwiesenermaßen sehr alt sind und Beziehungen zum Daishi für sich in Anspruch nehmen; Prof. Kageura gab dafür in einer diesbezüglichen Unterhaltung folgende Erklärung: in Ozu lebte zu Beginn der Tokugawazeit ein sehr rühriger Priester der Zensekte mit Namen Bankei, durch dessen Täkigkeit die bis dahin vorherrschende Shingonsekte in jener Gegend eine Zeitlang fast völlig verdrängt wurde. Vielleicht ist dies gerade die Zeit, in welcher die Zahl und Reihenfolge der Tempel festgesetzt wurde.

herzigsten. Kommt man aus dem harten und kalten Tosa, so fühlt man es beim Schritt. In der Herberge die Magd und die Wirtin, auf der Straße die des Weges Kommenden: alle sind sie überaus freundlich", bestätigte erst dieser Tage wieder[1] der in Tôkyô lebende Haikudichter Itô Gyûho nach der Rückkehr von der Wallfahrt, die er bestimmt jedes Jahr einmal unternimmt.

Sanuki.

Wo der Geist des Buddha unter der Bevölkerung so mächtig ist, da wird auch der Glaube des Pilgers mächtig gestärkt. Das Shugyô, die Übung im Wandel, die er in Tosa durchgemacht, bringt ihre Früchte. Nun hat er den Stand des Bodai erreicht, ist ein Erwachter geworden und nur kurze Zeit dauert es noch, bis er die Vollendung erlangt und in das Nirwana eingehen kann[2]. So ist auch die Wegstrecke in Sanuki mit 36 Ri (140 km, ein Ri in Iyo und Sanuki hat nur 36 Chô), kaum einem Neuntel der ganzen Länge, unverhältnismäßig kurz. Aber auch hier sind viele Stätten, durch Geschichte und Legende reich an Erinnerungen. Wir überschauen gewissermaßen noch einmal das

---

[1] Ôsaka Mainichi, Anfang Dezember 1927.
[2] Man muß sich bei dieser Erklärung immer wieder vorhalten, daß sie zwar bildlich gemeint ist, daß aber nach der Lehre des Kôbô Daishi die Erreichung der Buddhaschaft „in diesem Leibe" das Ziel des Glaubens ist.

ganze Leben des Daishi, in dessen engere Heimat wir jetzt eintreten.

Im Iyadanidera betreten wir mit ehrfurchtsvollem Schauern die Felsenhöhle, wo er religiösen Übungen oblag und seiner Eltern Bild sowie sein eigenes hinterließ. Im Shusshakaji stehen wir und schauen zu der hohen Felswand hinauf, von der sich der sechsjährige Knabe der Sage nach hinunterstürzte, aber von dem in einer Wolke erscheinenden Shaka Muni aufgefangen und an seinen früheren Standort zurückgeleitet wurde. Besonders denkwürdig ist natürlich Zentsûji mit dem Geburtstempel und dicht dabei Kotohira mit dem Schrein des Kompira, des mächtigen Beschützers aller Seefahrer, dem auch der buddhistische Pilger seine Verehrung zu bezeugen nicht versäumt. Weiter geht es zum Yashimaji, dem Zeugen blutiger Kämpfe, zum Gokenzan, dessen fünf Zacken wie fünf vom Himmel gefallene Schwerter emporragen, bis wir schließlich den 88., den krückenbehangenen Ôkuboji, erreichen. Hat der Pilger diesen hinter sich, so kann er getrost dem Tode entgegengehen: angetan mit dem weißen Gewände, das nun die Stempel aller heiligen Stätten trägt, ist er gewiß ins Nirwana einzugehen.

II. Anlage. Verteilung nach Sekten.

Hauptgottheiten.

Wir könnten den Weg zu den Tempeln nicht finden ohne Wegweiser. Zum Glück haben fromme Leute fast überall an den zahlreichen Wegbiegungen Wegweiser aufgestellt, manchmal mit dem Namen des Stifters und der Angabe, wann und wie oft dieser die Wallfahrt gemacht, manchmal auch nur einen kleinen Feldstein mit der Swastika und der richtungsweisenden Hand. Ar wichtigen Plätzen aber meist einen etwa einen Meter hohen vierkantigen Stein mit Entfernungsangabe. Inschrift und Hand verwittern bei dem japanischen Klima sehr rasch, aber ohne daß irgend welche Behörde sich darum zu kümmern brauchte, erneuern sie sich immer wieder, als zögen irgendwelche pilgerfreundliche Leute statt mit Stab und Rosenkranz mit Pinsel und Farbtopf durch die Insel. Rührend ist, wenn gerade an einer Stelle auf dem Weg zum höchsten Tempel der ganzen Insel, da, wo der Pfad plötzlich ins Tal führt und der Pilger nur ungern etwas von der Höhe aufgibt, die er glücklich erreicht, eine fromme Frau zu dem gewöhnlichen Wegweiser noch ein rautenförmiges Brett an einen Pfahl genagelt hat mit der Inschrift: „Kokoro kara! Ue wa henromichi ni arazu" (Von Herzen! Oben ist nicht Pilgerweg). Die Wegweiser sind bis in die nächste Nähe des Tempels vonnöten; denn nur selten bekommen wir die ganze Anlage von ferne zu sehen. Liegt der Tempel nicht auf hohem Berge, so liegt er doch irgendwo am Ende eines Tales versteckt, nie in einer Stadt[1], und nur selten in einem Marktflecken (Nr. 19) oder einem Dorfe wie

---

[1] Tempel Nr. 30 in Kôchi ist erst nach der Restauration von 1867 zur Wallfahrtsstätte bestimmt worden; die 30. Wallfahrtsstätte lag bis dahin zwei Stunden außerhalb Kôchis; auch der Betsugû in Imabari lag ursprünglich anderswo.

z. B. der erste Tempel in Bandô, der vielen deutschen Kriegsgefangenen zur Genüge bekannt ist.

In der Anlage unterscheiden sich die Wallfahrtstempel nicht von den übrigen Tempeln. Wir finden zunächst das Tempeltor mit den beiden Dewakönigen, vor denen als Opfergaben zahllose Strohsandalen in allen Größen hängen. Besonders schön in seiner schlichten Bauweise ist das Tor des Motoyamaji (Nr. 70), das aus der Kamakurazeit stammt und unter Denkmalsschutz steht, während andere wie das des Ishite und das des Taisanji (Nr. 51 und 52, beide ebenfalls unter Denkmalsschutz) in dem prunkvollen, fast überladenen Stile der Tokugawazeit errichtet sind. Vor allem in Awa, aber auch anderswo (T. 65 und 87) finden wir oft Glockenturm und Tempeltor (Niômon) zu einem Gebäude vereinigt. Wo die Tempel in der Ebene liegen, sehen wir nach dem Durchschreiten des Tores alle Gebäude auf einem Plane vereinigt, so daß wir sie mit einem Blicke überschauen können, an Berghängen oder auf Bergesgipfeln dagegen sind sie meist durch hohe Steintreppen voneinander getrennt und oft heißt es noch ein gutes Stück Steigung zu überwinden, nachdem man schon durch das Tor eingetreten ist. Unweit des Einganges liegt zunächst das Wasserbecken (chôzubachi), meist ein kleiner überdachter steinerner Trog, über dem einige kleine japanische Handtücher im Winde flattern, oder aber auch ein schönes Bronzebecken in Gestalt eines Blütenkelches, um den sich ein wasserspeiender Drache emporwindet. Auffallend ist das auf einer liegenden Kuh ruhende, von einem dicken dreieckigen Strohdache einem dicken dreieckigen Strohdache überschattete Becken des Nagaodera (Nr. 87).

Die hauptsächlichsten Gebäude sind jedoch Hondô (Haupthalle) und Daishidô (Daishihalle). Die Haupthalle ist überwiegend einstöckig gebaut. Zweistöckig sah ich sie nur an zwei Tempeln (Nr. 15 und 78). Dagegen finden wir sonst alle mögliche Bauweisen vertreten, die des Shintôtempels nicht ausgenommen (s.u.S. 60). Der edle Flachstil der Kamakurazeit ist nur noch selten erhalten. Solche Gebäude stehen dann meist unter Denkmalsschutz. Häufiger sind die hochragenden Dächer der Tokugawazeit, nicht selten mit der an unser Barock erinnernden Durchbrechung der geraden unteren Dachlinie, die sich dann auch zu einer Art selbständigen Vordaches erweitert, ja wir können, wenn wir die verschiedenen Gebäude vergleichen, geradezu das Hervorwachsen eines Giebels aus der Mitte des Vorderdaches verfolgen der schließlich die Firstlinie erreicht wie beim letzten Tempel der Fahrt, dem Ôkuboji. In der Haupthalle ist das Bild der Hauptgottheit aufgestellt, meistens eine Statue, manchmal nachträglich in einer anderen größeren eingeschlossen. Der 68. Tempel hat jedoch nur ein gemaltes Bild als Hauptgottheit. Diese Bildnisse sind in der Regel durch einen Vorhang verhüllt und können nur bei besonders feierlichen Gelegenheiten, wenn die Zeremonie des Kaichô (Vorhangsöffnung) stattfindet, gesehen werden. Ein Kuriosum ist der Tempel Nr. 64, da er zwei Hondô, eines für Frauen und eines für Männer, besitzt.

Die Daishihalle ist in der Regel kleiner. Sie ist, wie der Name sagt, der Verehrung des Kôbô Daishi gewidmet, entspricht also der Gründergedächtniskapelle (Kaisantô) anderer Tempel und zeigt immer streng quadratischen Grundriß, während das Dach bei der überwiegenden Mehrzahl der Tempel in einen runden Knauf ausläuft. Die meisten Weihe- oder Dankesgaben der Pilger sind an diesen Gebäuden gestiftet.

Bei dem nächsten, dem Glockenturm, lassen sich neben der schon erwähnten Verbindung mit dem Niômon noch zwei andre Formen unterscheiden, eine offene und eine geschlossene. Bei jener hängt die Glocke frei im Stuhl, bei dieser ist sie fast ganz unsichtbar, aber auch besser vor den Unbilden der Witterung geschützt. Die geschlossenen Glockentürme sind ziemlich selten; zwei schöne Beispiele geben der 24. und der 51. Tempel.

Einige Wallfahrtsstätten haben auch eine Yakushihalle, da ja diese heilende Gottheit für viele Pilger eine große Rolle spielt. Bei einigen Bergtempeln, aber auch bei dem Geburtstempel Kûkais, finden wir eine Art unterirdischer Krypta, welch als Oku no In (Allerheiligstes) des betreffenden Tempels gilt. Bei den Tempeln Nr. 45 und 71 handelt es sich um Felsenhöhlen, die wohl schon in den ältesten Zeiten kultischen Zwecken dienten.

Nur weniger als ein Fünftel der 88 Wallfahrtsstätten haben eine Pagode aufzuweisen. Neben der einstöckigen des Nagaodera (Nr. 87), der dreistöckigen des Kakurinji (Nr. 20) finden wir fünfstöckige beim Motoyamaji (Nr. 70) und beim Zentsûji (Nr. 75), oder auch die an dem runden Mittelglied des Oberstockes kenntlichen Schatzpagoden (hôtô), wie sie der 8., der 19. und andere Tempel zeigen. Der Dairyûji (Nr. 21) besitzt trotz seiner hohen Lage sowohl eine mehrstöckige gewöhnliche als auch eine Schatzpagode. Baulich am interessantesten ist auch hier wieder der Ishiteji mit seiner unter Denkmalsschutz stehenden dreistöckigen Pagode. Bei den Tempeln, welche keine große Pagode haben, ist sie in der Regel durch eine kleine Nachbildung aus Stein ersetzt.

Noch seltener ist in Shikoku der sechseckige Sutrenspeicher (kyôzô), den ich nur bei drei Tempeln entdecken konnte (T. T. 17, 20, 21)[1], dagegen findet sich bei anderen eine schöne Galerie (T. T. 67, 75) oder ein schönes Schatzhaus (T. 75)[2]. Im ganzen muß man sagen, daß, von einigen Ausnahmen abgesehen, den Wallfahrtstempeln des Daishi die Pracht und der Glanz abgehen, der die Tempel von Kyôto, Nara und Umgebung auszeichnet. Sie sind ländlicher, einfacher, aber darum nicht minder reizvoll, besonders in der sie umgebenden Natur. Um nur ein oder zwei Beispiele zu nennen: die Galerie des Komatsuoji (Nr. 67) mit der davor stehenden Bronzestatue des Jizô Bosatsu atmet eine griechische Schönheit, die jedes künstlerische Auge entzücken muß, während der von der Nachmittagssonne durchglänzte Friedhof am Berghang des Onsanji (Nr. 19) in seinem stimmungsvollen Frieden

---

[1] Tempel 75 hat einen merkwürdigen 6 (oder 8?)-eckigen Metallturm, der vielleicht auch als „Kyôzô" dient.
[2] Über Tsûyadô und Nôkyôsho s. später S. 91 und 106.

auch von den Fürstengräbern des Kôyasan nicht übertroffen wird[1].

Verteilung nach Sekten. Aufstellung der verehrten Gottheiten. Man sollte annehmen, daß alle 88 Tempel der Shingonsekte unterstehen, da die Wallfahrt auf den Stifter dieser Sekte zurückgeführt wird. Dies ist aber nicht der Fall. Wie bei der Wallfahrt zu den 33 Kwannontempeln, die drei verschiedenen Sekten angehören[2], sind auch bei den Shikokutempeln mehrere Sekten vertreten. Doch sind die Shingontempel und unter diesen wieder die der älteren Richtung des Shingon zugehörigen Tempel dermaßen in der Überzahl, daß es nicht ausgeschlossen ist, daß alle Tempel einmal dieser Sekte zugehörten. Es fehlt hierüber noch an Untersuchungen; großenteils sind auch die Urkunden in Feuersbrünsten und anderen Katastrophen vernichtet worden, doch könnte man als Stütze für diese Ansicht das Beispiel des 33. Tempels, Sekkeiji, anführen, der ursprünglich unter dem Namen Shôrin Kôfukuji zur Shingonsekte zählte, dann, wie es scheint, in Verfall geriet und unter der Regierung des Fürsten Chôso Kabe Motochika erneuert und zum Gelübde- und Begräbnistempel seiner selbst und seiner Familie erhoben wurde. Damals erhielt der Tempel den oben zuerst genannten Namen und wurde der Zensekte einverleibt, der er heute noch angehört[3].

---

1 Eine Liste aller Tempel ist im Anhang beigegeben.
2 Tendai 17, Shingon 13, Hossô 3.
3 Auch die Hymne des 2. Tempels klingt sehr stark an den Amida-Glauben der Jôdo- oder der Shinsekte an.

74

Die gegenwärtige Verteilung auf Sekten ist, wie folgt (Nichirenshû, Shinshû und Jôdoshû sind bezeichnenderweise nicht vertreten, obwohl gar mancher ihrer Anhänger die Wallfahrt macht):

Shingon	80
Tendai	4 (T. T. 43, 76, 82, 87)
Zen	3 (T. T. 11, 15, 33)
Ji	1 (T. 78)

Von den Shingontempeln entfallen auf

Altshingon	46
Neushingon	25
Shingon	8
(Onoha, Tôjiha, Daigoha)	
Shingon Risshû	1

Die Aufstellung der Hauptgottheiten zeigt ein Vorwiegen des Yakushi- und des Kwannonkultes. Die Haupgottheit ist.

Yakushi Nyorai	an 23 Tempeln
Kwannon Bosatsu	an 28 "
Amida Nyorai	an 10 "
Dainichi Nyorai	an 6 "
Shaka Nyorai	an je 5 Tempeln
Jizô Bosatsu	

Fudô Myôô	} an je 3 Tempeln
Kokûzô Bosatsu	
Shaka Nyorai	
Jizô Bosatsu	
Fudô Myôô	} an je einem Tempel
Kokûzô Bosatsu	
Daitsû Chishô Butsu	

Die Zentralgestalt des Shingon, Dainichi Nyorai, tritt also nur sechsmal als Hauptgottheit hervor, andererseits finden wir Gottheiten, welche im Shingon so gut wie gar keine Rolle spielen, wie Chishô Butsu, als Hauptgottheit. Merkwürdig ist auch Batô Myôô, der „wunderbare Pferdeköpfige König", als Hauptgottheit des 70. Tempels. Es ist eine Statue des Amida Nyorai mit einem Pferdekopf, welche als Werk des Kôbô Daishi gilt und unter nationalem Schutz steht[1].

Daß Kwannon und Yakushi die anderen an Zahl weit übertreffen, weist auf das Alter der Tempel hin, denn der Kwannon- und der Yakushikult breiteten sich am frühesten in Japan aus und standen bereits in Blüte, als Kôbô seine Wirksamkeit antrat[2]. Die starke

---

[1] Gewöhnlich kommt nur die Kwannon als pferdekopfge-schmückte Gottheit vor. „Batô Tennô", der pferdeköpfige Himmelskönig, kommt als Nebengottheit am 12. Tempel vor.

[2] Man kann dies schon an der einfachen Tatsache erkennen, daß unter den Statuen, die unter nationalem Denkmalschutz ste-

Verbreitung des Kwannonkultes hat übrigens ganz Japan mit China und Tibet gemein; der Dalai Lama gilt als Inkarnation der Kwannon, während in China die Kwannonverehrung bis heute als Mittelpunkt des volkstümlichen Buddhismus bezeichnet werden kann. Jede Volksreligion wird eben zu einem guten Stück auf das Diesseits gerichtet bleiben. Kwannon auf der Insel im Südmeer sitzend und auf die Stimmen aller Kreaturen, die sie anrufen, hörend ist eine Gestalt, der eine ungewöhnliche Anziehungskraft innewohnt, besonders noch, nachdem sie aus einer männlichen Gottheit in eine weibliche umgewandelt worden ist. Ebenso ist es klar, daß Yakushi, der Heilende, schneller den Weg zum Herzen des Volkes findet als Amida und Shaka, die schon eine viel höhere Auffassung des Göttlichen verlangen. Aber nicht nur im Volke, auch am Hofe war diese mehr auf das Diesseits, auf die unmittelbare Befreiung von Krankheit und anderen Nöten gerichtete Auffassung der Religion in Geltung. Tanaka Kaiô hat sich in einer Untersuchung über den Yakushikult in Japan die Mühe genommen, alten Annalen durchzusehen und hat gefunden, daß im Falle von Krankheit am Hofe fast regelmäßig Bilder des Yakushi gestiftet oder daß das Yakushi-Sutra verlesen oder abgeschrieben wurde. Auch die Kokubunji, die auf Befehl des Kaisers Shômu (724-49) in jeder Provinz errichtet wurden, waren ursprünglich alle dem Yakushi gewidmet; das große Buddhabild in Nawa wurde „Sôhonson" (Haupt-Hauptgottheit) bezeichnet,

---

hen, die Kwannon- und Yakushistatuen alle anderen an Zahl weit hinter sich lassen.

während der Tempel jeder Provinz ein Yakushibild von 1 jô 6 shaku (ca. 5 m) Höhe erhielt. (Ausnahmen wie die in Echigo, Settsu, Sanuki und Tosa gehen auf spätere Änderung zurück.) Es ist daher nicht zu verwundern, daß mehr als ein Viertel der Shikokutempel Yakushitempel sind.

Bei einer näheren Untersuchung der Kwannontempel ergibt sich die interessante Tatsache, daß beinahe alle Wallfahrtstempel, die als Hauptvertreter des Berggipfelbuddhismus gelten können, entweder der elfgesichtigen oder der tausendhändigen Kwannon geweiht sind. Zu den letzteren gehören Umpenji (Nr. 66), Iyadaniji (Nr. 71), Negoroji (Nr. 82), Yashimaji (Nr. 84), Ashizurizan (Nr. 3) und Senryûji (Nr. 65, Oku no In); zu ersteren Kô no Mineji (Nr. 2); Minedera (Nr. 32), Sugôzan (Nr. 44), Taisanji (Nr. 52) und Sankakuji (Nr. 65). Es ist zwar sehr zweifelhaft, ob diese Kwannontempel alle von Gyôgi Bosatsu, auf den sie meist ihre Gründung zurückführen, gegründet worden sind, wahrscheinlich ist jedoch, daß sich um sehr alte aus der Zeit vor Kôbô Daishi stammende Kultstätten handelt. Mit Recht meint daher Prof. Tomita, daß Kûkai in seiner Jugend durch den Besuch jener Tempel die ersten Anregungen zu dem später von ihm verkündigten Berggipfelbuddhismus erhalten habe. Nach ihm nehmen die 88 Tempel nicht nur allgemein als an Daishi erinnernde Stätten sowie als Hauptstätten des volkstümlichen Buddhismus, sondern auch als für das entwickelungsgeschichtliche Studium des Daishi und seiner Lehre bedeutungsvolle Stätten einen wichtigen Platz ein. „Daß die mit Daishi beschäftigten Forscher bei der Besprechung des Berggipfelbuddhismus immer nur den Kôyasan berücksichtigen und die Heligen Stätten von Shikoku damit abtun, daß diese erst aus dem Glauben der Nachwelt entstanden seien, ist in der Tat ein schwerer Fehler." Tomita hält es durchaus für möglich und wahrscheinlich, daß sich nach Kûkais Tode einige seiner Schüler nach den Bergtempeln von Shikoku zurückzogen, um dort des Meisters Lehre weiterzupflegen. „Schon in jungen Jahren habe ich mich beim Studium der Geschichte der Shingonsekte immer wieder gewundert, daß sich der Berggipfelbuddhismus sofort in den Stadt- und den Palastbuddhismus verwandelte und daß nach dem Daishi einzig Rigen Daishi den Berggipfelbuddhismus vertrat. Dem Berggipfelbuddhismus des Abtes Shinnen auf dem Kôyasan gegenüber erhob sich der Stadtbuddhismus des Shûei in Kyôto und nicht lange, so unterdrückte die Macht von Kyôto den Kôyasan, so daß Mukû und anderen Priestern nichts übrig blieb, als den Kôya aufzugeben. Wohin werden Mukû und die anderen dem Berggipfelbuddhismus zugeneigten Priester geflüchtet sein (wenn nicht nach Shikoku)?"

III. Ryôbu Shintô bei den 88 Tempeln.

Zu der Tendai- und der Shingonsekte gehört bekanntlich auch jene merkwürdige Verbindung von Buddhismus und Shintôismus, welche mit dem Namen Ryôbu Shintô, d. h. zweifaches Shintô, bezeichnet wird. Die Anfänge der Lehre stammen aus der Zeit vor Kûkai. Gyôgi Bosatsu war der erste, der sie verkündete, und nach ihm lehrte sie Ryôgen. Der Kern ihrer Lehre, welche später von den Priestern der Tendaisekte weiter ausgebaut worden ist, ist in der Formel „honchisuijaku" (in dieses Land herniedergekommen) ausgedrückt. Die japanischen Gottheiten (kami) sind Inkarnationen der Buddha (hotoke), doch waren diese a priori vorhanden, während jene erst a posteriori erschienen. Diese Form des Ryôbu Shintô wird auch mit Kürzung der obigen Formel Honjaku-Shintô genannt und enthält eigentlich eine Zurücksetzung der Kami gegenüber den Hotoke. Es blieb dem Daishi vorbehalten, die Lehre so umzugestalten, daß er die Identität der beiden in der Formel „ryôbu-funi" (zweifach — nicht zwei) bzw. „shimbutsu-dôtai" (Kami Hotoke — einunddieselbe Gestalt) erklärte. Die Shingonsekte war zu einer solchen Amalgamierung der beiden Glaubensformen prädestiniert, da die Zentralgestalt des Shingon, Dainichi Nyorai, der Alles Erleuchtende, sich in hervorragender Weise mit der großen Sonnengöttin Amaterasu decken läßt. Die Lehre breitete sich daher besonders in der Heianperiode bei hoch und niedrig sehr aus, und es ist nicht zu verwundern, daß wir auch bei den Shikokutempeln zahlreiche Spuren davon feststellen können.

Auf die vielen kleinen Shintôheiligtümer, die fast überall innerhalb des Tempelhofes zu finden sind, brauche ich nicht näher einzugehen, da sich diese auch anderswo in Japan in großer Zahl befinden. Merkwürdiger ist schon, wenn wir am Eingang de Buddhatempels ein großes Torii finden wie es bei den T. T. 73, 79,

81 u. a. der Fall ist. Bei den beiden letztgenannten läßt es sich leicht durch die Beziehungen zu dem Kaiser Sutoku erklären, bei den anderen hängt es wohl damit zusammen, daß bei der Trennung von Shintô und Buddhismus zu Anfang Meiji die Gebäude zwar getrennt, aber doch auf demselben Grundstück belassen wurden, so daß innerhalb eines Tempelhofes ein Priester den Dienst an dem Shintôheiligtum, ein anderer den an dem Buddhatempel versieht. An manchen Stellen jedoch hat man das Gefühl, als ob der Shintôtempel allmählich verdrängt werde, so am Shôsanji (Nr. 12), wo man vom elften Tempel kommend zwar durch ein Torii in den Tempelhof hineinschreitet, wo sich aber der Shintôschrein, trotzdem er von einem eigenen Priester verwaltet wird, neben den Gebäuden des Wallfahrtstempels sehr armselig ausnimmt.

Noch merkwürdiger ist es, daß bis zur Restauration dreizehn, heute noch neun der 88 Tempel einen rein shintôistischen oder an Shintô erinnernden Namen hatten, bzw. noch haben.[1] Bis zur Periode Meiji gab es in jeder der vier Provinzen einen Wallfahrtstempel Ichi no Miya (o. Ichinomiyaji). Heute finden wir in Awa und Sanuki dicht neben dem Buddhatempel einen Shintôschrein Ichi no Miya. In Tosa nahm man nach der Restauration den Buddhisten das ganze

---

[1] Nr. 13 Ichinomiyaji (heute Dainichiji), Nr. 27 Kô no Mineji, Nr. 3 Ichinomiya (heute: Anrakuji), Nr. 37 Gosha (heute Iwamoto-ji), Nr. 41 Inarizan, Nr. 47 u. Nr. 51 Kumanosan (vgl. S. 62 o.), Nr. 55 Betsugû, Nr. 57 Hachiman (heute Eifukuji), Nr. 62 Ichi no Miya, Nr. 64 Maegamiji, Nr. 68 Hachimangû, Nr. 83 Ichinomiyaji

Gebiet des Ichi no Miya weg und verlegte die Wallfahrtsstätte nach dem Anrakuji in Kôchi, während der
buddhistische Ichi no Miya in Iyo neuerdings wegen
des Bahnbaues in jener Gegend abgebrochen und einen Kilometer von seinem früheren Standpunkt entfernt neu errichtet wurde. Diese Ichi no Miya finden
sich als Shintôtempel in allen Provinzen Japans. Ihre
Herkunft erklärt sich folgendermaßen (nach Encyclop.
Japonica):

In der Narazeit erhielten viele Tempel, die sich einer alten Herkunft rühmen konnten, eine Art offiziellen Status, d. h. der Gouverneur der Provinz hatte sie
im Auftrag des Kaisers jedes Jahr einmal zu besuchen.
Schon in Friedenszeiten war das bei den damaligen
Verkehrsverhältnissen recht zeitraubend und mit hohen Kosten verbunden; in Zeiten von Unruhen war
der Besuch aller Tempel vollends ein Ding der Un-
möglichkeit, daher wurde ein Tempel in der Nähe des
Regierungssitzes als Haupttempel (jap. sôsha) bestimmt. Da er sozusagen der erste Tempel der Provinz
war, hieß er Ichi no Miya. Gewöhnlich war in jeder
Provinz nur ein Tempel so bevorzugt, es kamen jedoch
Fälle vor, wo neben dem Sôsha noch einige andere
ausgezeichnet wurden, die dann der Reihe nach Ni no
Miya, San no Miya usf. genannt wurden. Sannomiya
in Kôbe dürfte auf diese Weise zu seinem Namen gekommen sein. Es scheint jedoch, daß im späteren Mit-
telalter, in den Zeiten der Kriegswirren (Ashikaga!),
als so vieles Andere über den Haufen geworfen wurde, auch die auf die Tempel bezüglichen Traditionen
verwischt wurden. Encyclop. Japon. gibt selbst zu, daß

unter den heute offiziell als Ichi no Miya anerkannten Stätten manche von recht zweifelhafter Herkunft sind[1]. Nimmt es daher Wunder, daß wir in Iyo nicht weniger als drei Ichinomiya finden? Der eine ist der schon angeführte 62. Wallfahrtstempel, der andere ist ein wenig bedeutender Shintôtempel, der jedoch an dem Sôshagawa, also dem Haupttempelfluß, liegt; der dritte, der heute offiziell als Ichinomiya anerkannte Tempel ist der Ô Mishima Jinsha, der auf der Insel Mishima, ca. 30 km von Imabari entfernt in der japanischen Binnensee liegt. Dieser Tempel, auch Shikoku no Ichinomiya genannt, blickt auf eine sehr lange Vergangenheit zurück und blieb dank seiner Insellage während der Kriegswirren von der Zerstörung verschont. Auch bei ihm hatte Ryôbu Shintô in hoher Blüte gestanden, es gab auf Mishima nicht weniger als 24 Buddhatempel, die ursprünglich zusammen als der 55. Wallfahrtsort besucht wurden. Da jedoch der Ichinomiya vor allem zu dem Daimyô von Imabari in Beziehung stand und besonders bei Kriegsgefahr als Schutzgott um Hilfe angegangen wurde, da aber anderseits ein Sturm zur Unzeit die Bittfahrt verhindern konnte, wurden schon in früher Zeit 8 von den 24 Tempeln nach Imabari verlegt aber in der Periode Tenshô (1573—92) sämtlich durch Brand zerstört. Schließlich wurde einer davon, der Nankôbô, als Wallfahrtstempel wieder aufgebaut und kam durch die Gunst der Herren von Imabari nach und nach wieder

---

[1]   Sie nehmen auch unter der heutigen Klassifizierung einen ganz verschiedenen Status ein. Nur die wenigsten sind Kampeisha, die meisten Kokuchûsha.

in Blüte. Bei der Trennung von Buddhismus und Shintô wurde die Hauptstatue aus dem Shintôtempel genommen und in die Halle des Yakushi Nyorai gestellt, welche fortan als Haupthalle galt. Auch hier liegen Shintô- und Buddhatempel gleich nebeneinander. Der Wallfahrtsort führt jedoch neben dem Namen Nankôbô die Bezeichnung Betsugû (Sondertempel, Zweigtempel). Der Muttertempel des Betsugû, der Ichi no Miya von Ô Mishima, sowie de Ichinomiyaji von Sanuki leiten ihre Gründung auf Mombu Tennô (697–708) zurück; bei dem erstgenannten ist die Überlieferung ziemlich gut verbürgt. Ichi no Miya (Nr. 62) gibt als Gründe) Shômu Tennô (724–49) an, während bei den beiden anderer (Nr. 13 und 30) nähere Angaben fehlen.

Außer den fünf genannten Wallfahrtstempeln finden wir eine besonders starke Vermengung mit Shintô an dem 27. Tempel in Tosa, dem Kô no Mineji (Göttergipfeltempel). Der Überlieferung nach hat Gyôgi diese Stätte auf Befehl des Kaisers Shômu (724–49) gegründet und dort Izanagi, Izanami und Amaterasu Ô Mikami verehrt. Die buddhistische Hauptgottheit ist die elfgesichtige Kwannon und wird mit den Shintôgottheiten zusammen als Sanjin Ichibutsu (drei Kami – ein Hotoke) verehrt. Der Shintôtempel liegt jedoch von den Gebäuden des Wallfahrtstempels getrennt auf einer anderen Anhöhe.

Bei dem 41. Tempel, dem Inarizan, treffen wir den Reisgott mit seinen roten Füchsen als Schutzpatron der Geheimlehre

Kono kami wa	Ich höre, daß dieser Gott (kami)
Sankoku rufu no	die in den drei Ländern
Mikkyô wo	(Indien, China, Japan) verbrei-
Mamorasetamô	tete Geheimlehre gnädigst zu
Chikai to zo kiku.	behüten gelobt

Der Sage nach hat Kôbô Daishi um der Verbreitung der buddhistischen Lehre willen bei seiner Fahrt um Shikoku herum hier mit Inari einen Vertrag geschlossen und ihn als obersten Schutzgott von Shikoku angebetet[1]. Bei diesem Tempel liegen die Gebäude so, daß man, ehe man an den eigentlichen Berg kommt, durch ein großes steinernes Torii schreitet. Auf dem Berge liegen dann Hondô und Daishidô auf halber Höhe; zwischen ihnen erhebt sich ein aus zwei Steinpfeilern, die durch mit Kupferblech überzogene Strohseile verbunden sind, gebildetes zweites Torii, hinter welchem man eine Steintreppe zu dem noch höher gelegenen Shintôschreine hinaufsteigt. Die Wohnungen der beiden Priester liegen etwas seitlich, eine unter der anderen.

Der Kriegsgott Hachiman kehrt an zwei Tempeln als buddhistische Inkarnation wieder (an dem 57. und dem 68. Tempel). Der 57. Tempel ist in den alten Führern als Hachiman Iwashimizu aufgeführt; heute heißt er Eifukuji, aber seine Hymne (Go Eika) lautet:

---

[1] Zu diesem Vertrag mit dem Fuchsgott paßt sehr schlecht die Sage, wonach Kôbô die Füchse aus Shikoku verbannte „bis zu der Zeit, wenn in Shikoku eiserne Brücken gebaut würden." Tatsächlich soll es bis vor ungefähr 40 Jahren keine Füchse dort gegeben haben.

Kono yo ni wa	Die Pfeil' und Bogen schützest du
Yumi ya wo mamoru	In dieser Welt als Yawata (= Hachiman)
Yawata nari	Und in der künft'gen rettest du
Mirai wa hito wo	Die Menschen all', o Amida.

Sukuu Midabutsu.

Es scheint, daß hier der Wallfahrtstempel nach der Restauration aus dem Shintôtempel in einen benachbarten Buddhatempel verlegt wurde. Das Gleiche geschah bei dem 68. Tempel, der zwar noch immer den für einen Buddhatempel gewiß merkwürdigen Namen Hachimangû führt, aber in Wirklichkeit gar kein selbständiger Tempel mehr ist. Er ist seit der frühen Meijizeit mit dem 69. Tempel, dem Kwannonji zusammengelegt, wo man auch die Schriftopfer für die beiden Wallfahrtsstätten zugleich erledigt. Was heute Hachimangû genannt wird, ist eigentlich die Halle des Yakushi Nyorai in dem Kwannonji, in welcher ein Hängebild des Amida Nyorai als Hauptgottheit verehrt wird. Der alte Hachimangû ist jetzt ein Shintôtempel und liegt auf dem Gipfel desselben Berges.

Daß die Gottheit des Ishizuchi als buddhistische Inkarnation an dem 60. und dem 64. Tempel angebetet wird, haben wir schon erwähnt; letzterer hat den shintôistisch klingenden Namen Maegamiji (Vorgott-Tempel), weil der Tempel gleichsam nur die Vorstufe bildet zu dem Allerheiligsten, eben dem Berggipfel, wo der richtige Gott (Kami) wohnt. Der 60. Tempel hat als einzige unter allen 88 aus der Zeit des Ryôbu Shintô eine im reinen Stil der Shintôtempel erbaute Haupthalle bewahrt[1]. Dieser Tempel war nach der Trennung von Buddhismus und Shintô eine Zeitlang; ganz abgeschafft und hatte das Schriftopfer der sechzigsten Wallfahrtsstätte einem anderen Tempel, dem am Fuße desselben Berge gelegenen Seirakuji, übertragen. Als dann der Yokomineji wieder in seine ursprünglichen Rechte eingesetzt wurde, fuhr auch Seirakuji fort, den Pilgern Stempel zu geben, indem er sich als Rokujûban Maefuda (Vorzettel Nr. 60; Zettel bedeutet hier Tempel wo der Pilger seinen Zettel abgibt, Wallfahrtstempel) bezeichnete. Im 59. Tempel erhielt ich jedoch folgende gedruckte Mitteilung:

„Bitte bestimmt zu lesen!

Der nächste Tempel ist der Nr. 60 Yokomineji. Unter der 88 Stätten, welche Kôbô Daishi[2] in Shikoku zu gründen geruht hat, ist dieser Yokomineji ein heiliger Berg, der besondere Mühen und Beschwerden verursacht, vor allem ist es jedoch der Tempel des Berges Ishizuchi, wo die Enthüllung des Bildnisses des Ishizuchi Gongen jederzeit möglich ist. Auch kann man in

---

[1] Auch beim Tempel Nr. 10, dem Kirihataji, erinnert die Haupthalle an shintôistische Bauten, doch ist das Gebäude neueren Datums und die Ähnlichkeit, wie ich von dem dortigen Priester erfragte, rein zufällig.

[2] Vor Kôbô ist zum Zeichen der Hochachtung ein Stück im Druck freigelassen.

dem Tempel übernachten, und da ein neues Bad eingerichtet worden ist, badend den Mond betrachten.

Am Fuße des Yokomineji gibt es zwei sogenannte Maefuda, aber da diese außerhalb der Reihenfolge stehen, verliert man, wenn man nicht bis zum Yokomineji hinaufsteigt und dort das Schriftopfer verrichtet, einen Tempel. Laßt Euch daher nicht beirren, sondern steigt mit dem Willen, Mühen und Beschwerden auf Euch zu nehmen, im Gedenken an Daishi, der diese 88 Tempel gegründet hat, herauf! Erweist der Hauptgottheit Eure Verehrung und vollzieht das Schriftopfer am 60. Tempel!"

Wir sprachen schon früher davon, wie wenig bei dem 37. Tempel, dem Iwamotodera, von dem früheren Glanze geblieben ist. Nicht immer nahm jedoch die Bevölkerung die Abschaffung von Tempeln so glatt hin. So wird uns vom 81.berichtet, daß dieser nach der Restauration in einen Shintôtempel verwandelt werden sollte, weil er die Grabstätte des Kaisers Sutoku war. Der nur auf seinen Vorteil bedachte Buddhapriester leistete diesem Plane sogar allen erdenklichen Vorschub, aber er hatte nicht mit der Treue der Gemeinde gerechnet. Diese erklärte nämlich einmütig, bei all ihrer Ehrfurcht vor dem Kaiser Sutoku bleibe doch die Tatsache bestehen, daß der Wallfahrtstempel des Daishi zuerst dagewesen sei; sie könnten daher nicht zugeben, daß um des später Gekommenen willen der ursprüngliche Platzhalter verdrängt werde. So blieb denn der Buddhatempel allein erhalten. Die Seele des Kaisers wurde im ersten Jahre Meiji in den Sentsûji in Kyôto übergeleitet und die Verwaltung des Gebäudes, in welchem sie bisher verehrt worden war, im 10. Jahre Meiji (1877) dem Kotohira Jinsha übertragen. Aber damit war die Sache noch nicht beendet, sondern es kam zu einem Prozeß, in dessen Verlauf auch dieses Gebäude wie aller übrige Tempelbesitz dem Buddhatempel zurückgegeben wurde. Welche Mühen die Buddhisten in jenen Jahren der Unterdrückung auf sich nahmen, um die alten Gebäude nicht der Zerstörung anheimfallen zu lassen, kann man auch daran sehen, daß die Pagode des Sumiyoshi Jinsha zu Sakai bei Osaka in jenen Jahren abgebrochen, übers Meer nach Shikoku gebracht, noch dreißig Kilometer landeinwärts geschafft und bei dem zehnten Wallfahrtstempel wieder aufgebaut wurde, wo sie heute von Bergeshöhe in das Tal des Yoshinoflusses hinuntergrüßt.

Selbst da, wo die Trennung der beiden Religionen so schmerzlich gewesen ist wie beim 37. Tempel, wird auf der buddhistischen Seite das Ryôbu Shintô weiter gepflegt. Beim Iwamotoji werden noch heute die fünf Shintôgottheiten des alten Wallfahrtstempels bzw. ihre buddhistischen Erscheinungsformen verehrt, und so ist es bei allen anderen Tempeln. Übrigens kommt auch der umgekehrte Fall vor, daß buddhistische Gestalten in Shintôtempeln als Kami angebetet werden, so hat der neben dem heutigen Tempel Nr. 30 (Anrakuji) liegende Horagashima Kunteki Jinsha seinen Namen von einem, buddhistischen Priester namens Kunteki, der zu dem alten dreißigsten Tempel, dem Ichinomiya, in Beziehung gestanden hatte.

Manchmal nimmt Ryôbu Shintô die Gestalt der Sage an, wie wir schon oben bei dem Inarizan sahen. Andere Beispiele sind der 5. und der 8. Tempel, wo Kûkai von Kumano Gongen, also einer ursprünglich shintôistischen Gottheit, in dem einen Falle ein Stück geweihtes Holz, aus dem er eine kleine Statue schnitzt, erhält, in dem anderen Falle sogar ein kleines goldenes Bild der Kwannon. Auch bei dem 20. Tempel findet Kûkai der Sage nach, als er den Berg hinaufsteigt, um (den Gott) Katsushime Myôjin anzubeten, eine kleine goldene Statue des Jizô (wie die beiden obengenannten Statuen 1,8 Zoll groß, was vielleicht auf gemeinsamen Ursprung der Sagen schließen läßt), welche von einem Reiherpaar bewacht wird. Diese Statue, welch übrigens jetzt Nationaleigentum ist, wurde zusammen mit der des 5. Tempels von dem Shôgun Minamoto Yoritomo besonders verehrt und heißt daher wie jene Shôgun Jizô. Leider fehlt es einstweilen noch an Quellen und Vorarbeiten, um das Alter dieser verschiedenen Sagen, die Priorität der einen vor der anderen usw. nachzuprüfen, doch helfen auch sie das Bild vervollständigen, das wir von den vielfältigen Beziehungen zwischen Buddhismus um Shintô bei den 88 Shikokutempeln zu entwerfen versuchten.

C. DER PILGER.

I. Seine Motive zur Wallfahrt.

In einem vorausgehenden Abschnitte war versucht worden, die alte Auslegung der Vierländerwallfahrt im Sinne der vier Glaubensstufen Hosshin, Shugyô, Bodai und Nehan zu skizzieren. Wir haben damit schon die Bedeutung der Wallfahrt als einer verdienstvollen religiösen Übung erklärt. Viele Leute unternehmen sie nur in diesem Sinne; wie jeder Japaner einmal im Leben nach Ise zu kommen trachtet, so ist es der Wunsch vieler Buddhisten, vor allem aber der Anhänger der Shingonsekte, einmal die Shikokuwallfahrt zu machen. Auch die in der frühen Tokugawazeit sehr verbreitete Sitte des Kaikoku, d. h. der Rundfahrt zu allen berühmten japanischen Kultstätten, ist noch nicht ganz ausgestorben, wie ich aus mehreren Pilgerzetteln (fuda, s. S. 75 ff.) ersehen konnte.

Junge Leute machen die Wallfahrt gerne vor der Heirat, da es einen Spruch gibt, welcher rät, erst nach der Shikokureise zu heiraten. Dies gilt besonders von der Provinz Awa (Bez. Tokushima), aber auch von Nordkyûshû. Alte Leute machen die Fahrt als Vorbereitung auf ein seliges Lebensende. In vielen Gegenden Japans, ja sogar in den Kolonien und bis hinüber nach Hawaii gibt es Vereine, die alljährlich jemand zu den 88 Tempeln entsenden, ohne daß damit ein anderer ausgesprochener Zweck als der einer verdienstvollen Übung verbunden wäre[1].

Aber in vielen Fällen sucht der Pilger doch etwas Bestimmtes durch seine Reise zu erreichen, am häufigsten wohl die Heilung von Krankheit, „byôki-oroshi" genannt. Einer meiner Schüler fällt bei der Aufnahmeprüfung in die Universität durch; infolge übermäßigen Studiums und der Aufregung über den Mißerfolg erleidet er einen seelischen Zusammenbruch und sitzt trübsinnig zu Hause, bis ihn der Priester des Ortes auf die Wallfahrt schickt, von der er geheilt und glücklich wiederkehrt.

Ein junger Mann leidet an Magenkrämpfen, der Arzt ist nicht imstande ihm zu helfen. Schließlich geht er auf die Wallfahrt und findet Heilung.

Eine junge Frau in Osaka wird von einer schweren Geburt so mitgenommen, daß sie den Gebrauch ihrer Füße verliert. Als sich auch nach Monaten keine Besserung einstellt, zimmert der Mann, ein Zimmermann, einen einfachen zweirädrigen Karren, einen Krüppelwagen, wie ihn die Japaner nennen, bringt das neugeborene Kind bei Verwandten unter und begibt sich mit seiner Frau und dem achtjährigen Sohne auf die Fahrt. Er beschließt, die Tempel in umgekehrter Reihenfolge zu besuchen, fängt am 88. in Sanuki an und zieht weiter durch Iyo, bis er zum 52. Tempel und von da nach Dôgo, dem ältesten japanischen Bade, kommt. Am

---

[1] Nach Kagawa Toyohiko (Shisen wo koete, Kap. 6) schickt (oder schickte) in der Provinz Awa jedes Dorf alljährlich einen Mann auf die Wallfahrt.

Abend trägt er die Frau auf dem Rücken ins Bad. Hier zeigt es sich, daß sie zum erstenmal ihre Füße wieder bewegen kann. Große Freude! Die Familie verlängert ihren Aufenthalt in dem Badeort, die Besserung schreitet fort, aber nun gehen die Mittel aus. Doch der gute Herbergsvater — wir sind ja in Iyo und nicht in Tosa — gibt Kredit, ja er findet dem Zimmermann sogar Arbeit, und als diese beendet ist, borgt er noch etwas weiter, bis die Frau, die unterdessen ein wenig gehen gelernt hat, imstande ist den Krüppelwagen (jap. izariguruma) im Ishitetempel bei Dôgo zu hinterlassen und zu Fuße die Wallfahrt zu beenden. Gerade die Heilungen von Gelähmten sind verhältnismäßig zahlreich; das obige Beispiel ist nur das jüngste mir zu Ohren gekommene (von Anf. Dez. 1927). Es wäre verfehlt, hier die Heilung einzig den Bädern von Dôgo zuschreiben zu wollen; denn einmal haben diese nur geringe Heilkraft — boshafte Leute behaupten sogar, sie seien am besten für Gesunde — und andererseits gibt es genug Fälle, wo die Heilung unabhängig von irgend welchen Badekuren eintrat. Um die gleiche Zeit wie ich pilgerte ein Mann weiter durch Shikoku, der an dem 22. Tempel wieder die Kraft seiner Füße erlangt hatte, nachdem er einige Tage an dem Tempel geweilt hatte und von dem Priester im Glauben unterwiesen worden war[1].

Auch der Magenkranke ist nur einer von mehreren Geheilten, mit denen ich persönlich in Berührung

---

[1] Ein anderes Beispiel einer Wunderheilung am 51. Tempel zitiert Witte „Japan zw. zwei Kulteren", S.347ff.

kam. Es ist ganz klar, daß die veränderte Lebensweise, der ständige Aufenthalt im Freien, bald von der frischen reinen Bergluft, bald von der kräftigen salzigen Seebrise umweht, das Losgelöstsein von allen häuslichen Sorgen, das gemeinsame Wandern mit gleichgestimmten, vom gleichen Vorsatz beseelten Leuten einen für die Heilung günstige Boden schaffen. Dies haben mir auch zahlreiche Priester, mit denen ich über diese Frage zu sprechen kam, unumwunden zugegeben. Aber sie betonten auch — und wie mir schien, nicht zu Unrecht — daß die natürliche Heilmethode (shizen ryôyô), wie sie es nannten, allein nicht genüge, sondern daß in einem bestimmten Maße auch der Glaube bei der Heilung mitwirke, und sei es auch nur, indem er eine innere Umstellung des Kranken zu seinem Leiden bewirke. Wie in Lourdes und anderen Wallfahrtsplätzen Europas; so geschehen auch in Shikoku alljährlich Heilungen, die ans Wunderbare grenzen; und so wenig der in Lourdes Geheilte sie den Glauben an die Gnade und Wunderkraft der Jungfrau Maria nehmen läßt, so vergebliche Mühe wäre es, dem auf Shikoku von seinen Leiden Erlösten ausreden zu wollen, daß er seine Heilung der Gnade (go riyaku) des Daishi verdanke.

Zahlreiche Pilger gehen, wenn sie ihre Gesundheit wiedererlangt haben, zum Dank noch einmal um Shikoku herum (on reimawari, die Dankesrunde) und gesellen sich zu der großen Zahl derer, die zur Erfüllung irgend eines Gelübdes, zum Dank für Errettung aus Krankheit, aus Seenot, Kriegsgefahr, die Pilgerfahrt machen. Ein Beispiel sei hier angeführt (ein anderes siehe später S. III). Herr T. Miyauchi, Sohn eines Sakebrauers, ist zur Zeit des großen Erdbebens vom 1. 9. 1923 in Tôkyô. Seine Tante in Nagoya hat zwei Tage vor der Katastrophe eine Vision und telegraphiert an die Familie eine Warnung, die jedoch nicht ernst genommen wird. Herr Miyauchi gehört zu denen, die sich im Hofe der Militärtuchfabrik befinden; 37000 Leute verbrennen dort bei lebendigem Leibe, nur 200 werden bewußtlos, aber noch lebend unter der Masse der halbverkohlten Opfer hervorgezogen, darunter auch er. Seine Tante führt die Rettung auf die Gebete zurück, die sie gerade für ihn an jenem Tage unablässig zum Himmel emporgeschickt hatte, und bestimmt ihn, der noch halb in Zweifeln befangen, halb schon dem Glauben zugeneigt ist, zum Dank auf die Wallfahrt zu gehen. In Iyo, am Kôonji, vollendet der Abt seine Bekehrung.

Frau Ei Arai, 85 Jahre alt, aus der Provinz Okayama, macht seit ihrem 61. Lebensjahre ununterbrochen die Wallfahrt zum Dank dafür, daß ihre Enkelin von Taubheit geheilt und glückliche Braut wurde; nach jeder Runde kehrt sie für kurze Zeit nach ihrer Heimat zurück, um sich wieder mit allem Nötigen zu versehen. Zahllose andere Beispiele ließen sich den bereits angeführten noch zur Seite stellen. Der Pilger, der auf die Wallfahrt geht, tut dies nicht immer in eigener Sache; der Fall ist nicht selten, daß er für einen anderen die Tempel besucht. Eine solche stellvertretende Fahrt nennt man „go daisan"; hierher gehören auch die oben erwähnten Fälle, wo eine Gemeinde jährlich einen oder mehrere Vertreter nach Shikoku entsendet.

In der Ausführung dasselbe, wenn auch in der Bedeutung etwas verschieden ist es, wenn die Reise für das Seelenheil verstorbener Angehöriger unternommen wird. Vor allem Söhne und Töchter, die ihren Eltern auf diese Weise nach dem Tode noch einen Dienst der Kindesliebe erweisen wollen, finden wir häufig, ja es kommt sogar vor, daß sie die Asche oder das Ahnentäfelchen des betreffenden Verstorbenen mit sich führen.

Noch ein letzter Anlaß, der manche Leute auf die Straßen Shikokus treibt, bleibt zu erwähnen. Es kommen manchmal im Menschenleben Augenblicke, wo einfach alles fehlschlägt, wo jede Unternehmung, jeder Plan, und seien sie noch so gut ausgeklügelt, mißglücken, wo unsere sichersten Berechnungen umgestoßen werden: einem Bauer mißrät die Ernte, sein Stier wird von einer Seuche weggerafft, Diebe sind eingebrochen und haben von dem Wenigen, was noch geblieben, das Beste geraubt, und zu allem Unglück wird die jungverheiratete Tochter aus einem nichtigem Grunde von der Familie des Bräutigams zurückgeschickt, zum Gespött der Nachbarn und Bekannten, und bringt Unfrieden ins Haus, wo jedes dem Anderen die Schuld an der mißlungenen Verbindung beimessen will. Viele Japaner greifen in solchen Fällen zum Gift, werfen sich vor die Lokomotive eines Zugs auf die Schienen oder stürzen sich ins Meer. Andere aber schnüren ihr Bündel, rüsten sich, so gut oder so schlecht es eben die Mittel noch erlauben, aus und machen sich auf die Pilgerfahrt. Und auch ihnen bringt das Herauskommen aus der sie fast erdrückenden Enge des Alltags, die veränderte Lebensführung, der Abstand, den sie zu dem was sie bisher elend machte, dem was sie bisher elend machte, gewinnen, und vor allem auch der Glaube, der sich im Laufe der Reise festigt, die ersehnte Hilfe. Wenn sich auch ihr Unglück bis zu ihrer Rückkehr noch nie gewendet hat, so haben sie doch unterdessen eine andere Einstellung dazu gewonnen, welche oftmals erst eine Wende des Schicksals ermöglicht und in die Bahn leitet.

Weitaus die meisten Pilger unternehmen die Wallfahrt aus einem oder auch mehreren der oben angegebenen Gründe. Vergleicht wir es mit den Wallfahrtsbräuchen in römisch-katholischen Ländern, so lassen sich unzählige Parallelen ziehen. Die Ansicht — meist von solchen ausgesprochen, welche den Stab niemals in der Hand gehabt haben —, daß eine große Anzahl von Leuten die Shikokureise mehr zur Erholung oder zum Vergnügen unternehmen, ist nach meinen Erfahrungen als falsch zu bezeichnen. Es ist wahr, daß in der Tokugawazeit unter dem Einfluß von Theaterstücken wie Awa no Jûrôbei[1] ein spielerisches, modisches Element in die Sitte der Wallfahrt, besonders der zu den 33 Kwannontempeln, hineinkam. Bei einigen kürzeren Wallfahrtsstraßen, z. B. der rund um die Insel

---

[1] Awa no Jûrôbei ist ein auf eine historische Begebenheit gegründetes Theaterstück; Jûrôbei wird aus irgend einem Grunde — Theaterstück und Geschichte weichen in diesem Punkte ab, ersteres beschönigt die Sache — zum Rônin und zieht als Räuber mit seiner Frau O Yumi durch das Land; der Großvater schickt das unmündige Kind, O Tsuru genannt, gut mit Geldmitteln ausgestattet auf die Wallfahrt zu den 33 Kwannontempeln; unterwegs wird das Kind von dem Vater überfallen und, da es sich weigert, das Geld zu übergeben, von dem eigenen Vater getötet.

Awaji, mögen auch heute noch Genießer wie Kanames Schwiegervater in Tanizaki Jun-ichirôs, neuesten Roman „Tade kuu Mushi" auf ihre Rechnung kommen, aber nach dem, was ich auf Shikoku gesehen habe, ist diese Wallfahrt auch für Japaner ein sehr gemischtes Vergnügen: wochenlang bei schmaler Kost seinen Leib in schlechten Herbergen dem Angriff des Ungeziefers aussetzen zu müssen, empfindet er so gut wie jeder Andere als eine Zumutung. Eine Weile mag die Reise ganz unterhaltsam sein, aber wo sie nur zum Vergnügen und ohne höhere Absicht unternommen wird, wird der Betreffende bald die Lust zum Weiterpilgern verlieren. Auch ich hatte meine kritischen Stunden, in denen ich dem Umkehren näher war als dem Weiterziehen, und glaube nach allem, was ich gesehen und gehört habe, daß die „Vergnügungsreisenden" auf dem Shikoku-Rundweg ziemlich bald enttäuscht werden und daher auch entsprechend dünn gesät sind. Dagegen gibt es eine Klasse von „Berufsreisenden", deren Lebensunterhalt das Wallfahren bildet und mit denen wir uns noch später zu beschäftigen haben werden.

II. Seine Ausrüstung.

Bei der Ausrüstung des Pilgers sehen wir dieselbe konservative Gesinnung, die der ganzen Wallfahrt ihr Gepräge verleiht. Nur wenig hat sich geändert, seit Daishi die Wildnis von Shikoku durchstreifte und an den Bergtempeln seine Andachten und Gebetsübungen verrichtete, und diese Veränderungen sind lediglich durch die Wandlung der kulturellen Verhältnisse bedingt; denn es ist klar, daß man im Zeitalter der Baumwolle schon aus finanziellen Gründen das baumwollene Gewand dem rein leinenen vorziehen wird, wie auch die „tabi" mit Gummisohlen jetzt die gewöhnlichen „tabi" und die Strohsohlen zu verdrängen im Begriffe sind. Es versteht sich ferner, daß es von der im folgenden darzustellenden Ausrüstung mancherlei Abweichungen gibt, da die Pilger aus allen Gegenden Japans kommen, manche vielleicht schon eine andere Wallfahrt hinter sich haben, und da ja keinerlei Kontrolle in solchen Sachen besteht. Es würde niemand einfallen ein Pilger zur Rede zu stellen, weil etwas an seiner Ausrüstung nicht stimmt; z. B. gehen heute viele, die die weiße Kleidung nicht erschwingen können, in dunklen Kleidern, aber das hindert nicht, daß die Ausrüstung, wie wir sie hier beschreiben, als die herkömmliche und allgemein gültige zu bezeichnen ist. Die verschiedenen Pilgertrachten der übrigen Wallfahrtsstraßen und ihre gegenseitige Beeinflussung wäre eine wünschenswerte, aber wohl nicht leicht auszuführende Studie. Allein auf Shikoku lassen sich neben den 88er Pilgern noch zwei ganz bestimmte Typen unterscheiden: der Ishizuchi-Pilger, meist durch seinen Stab auffallend und mit einer Tritonmuschel versehen, die, heute nur noch ein Kuriosum, in alten Zeiten in der Wildnis der Berge für Notsignale im Falle des Verirrens oder bei Nebel sehr nötig war[1], und

---

[1] Hier ist wohl einer der wenigen Punkte, wo die Nachwirkung des Shugendô in Shikoku bis heute zu sehen ist. Ein Zauber-

die Besteiger des Tsurugi, des zweithöchsten Berges von Shikoku.

In der alten Zeit gehörten zu der Pilgertracht:

- ein einfaches leinenes Gewand (asa no kimono)
- ein breiter Hut aus feinem Bambusflechtwerk
- ein zur Aufnahme der mitzunehmenden Sachen dienender Strohsack (nidawara)
- eine um den Hals hängende Tasche (ähnlich dem Bettelsack unserer Bettelmönche) zur Aufnahme der Gaben (sanya oder san-e no fukuro) oder ein Kästchen (mentsû)
- ashinaka zôri, d. h. zôri, die nur für die Fußsohle reichten
- also die Ferse nicht bedeckten
- Pilgerstab, „kongôzue (Diamantstock)" genannt
- Rosenkranz (juzu)
- Zettelklammer (fudabasami)
- Gamaschen (kyahan).

Demgegenüber besteht die heutige Ausrüstung aus:

- einem einfachen Gewand aus weißem Baumwollstoff
- einem breiten Binsenhut (sugegasa)

---

segen des 60.Tempels, an dem die Gottheit des Berges Ishizuchi verehrt wird, zeigt eine solche Muschel mit entsprechender Inschrift.

- einem geflochtenen Korb mit Traggestell (nigôri und nidai) zur Aufnahme der mitzunehmenden Sachen
- einer über die Schulter an der Seite hängenden Tasche für die Gaben (zudabukuro); das „sanebukuro" tragen nur noch die Priester
- Strohsandalen, die Sohle und Ferse bedecken, (waraji), in neuerer Zeit „tabi" mit Gummisohlen
- Pilgerstab, Rosenkranz, Zettelklammer bzw. häufiger Zettelkästchen; Gamaschen;
- Handschützer (tekkô); Sitzschurz (shirizuke).

Wann die drei letztgenannten Kleidungsstücke in Gebrauch kamen, läßt sich schwer bestimmen. Das Buch Shikokudô Shi-nan sagt in der Vorrede: „Strohsack für Gepäck, Essenschachtel (mentsû), Hut, Stab, Gamaschen, ashinaka und die übrige Ausrüstung bleiben dem eignen Ermessen überlassen; nur soll es besser sein, in „ashinaka" zu gehen; denn Strohsandalen machen die Hände schmutzig (beim An- und Ausziehen) und es gibt an manchen Tempeln kein Waschwasser"[1]. Dasselbe Buch bildet jedoch auf allen beige-

---

[1] Man vergleiche gegenüber diesen Bestimmungen die um jene Zeit schon ganz genau festgelegte Ausrüstung des Yamabushi, in der jeder Gegenstand seinen ganz bestimmten Platz hatte und in irgendeiner Weise auf die Lehre des Jishin Sokubutsu, welche dem Sokushin Jôbutsu (s. S. 19) des Shingon entspricht, Bezug nimmt. Man unterscheidet eine 12teilige und eine 16teilige Ausrüstung; doch werden bei letzterer einfach vier weitere Stücke hinzugefügt. Die Namen der einzelnen Gegenstände sind:

gebenen Holzschnitten die Pilger in dunkle Gamaschen, doch ohne Handschützer und ohne Sitzschurz
ab „Shikoku Henreidô Shi-nan Sôho Daisei" aus der
Periode Bunkwa druckt die Vorrede des älteren Buches zwar wortgetreu ab, hat aber nur noch eine Abbildung von drei Pilgern, von welchen zwei, ein Mann
und eine Frau, schwarze Gamaschen, der dritte jedoch
weiße Gamaschen, dunkelfarbige Handschützer sowie
einen Sitzschurz trägt. Daß Handschützer und Gamaschen, wahrscheinlich auch der Sitzschurz von dem

---

1. Suzukake, Schwarzes Obergewand (Überwurf).
2. Yuikesa, Die „kasâya", aber nicht seitlich herunterhängend
   sondern gefaltet und um den Hals gelegt, daher „yui-" =
   Binde-kasâya genannt.
3. Tokin, Kleines Käppchen ähnlich den Zerevismützen einiger Studentenverbindungen in Deutschland. Die Zeichen
   liest man sonst gewöhnlich „zukin".
4. Hôra, Große Tritonmuschel, gewöhnlich „hora" genannt.
5. Irataka-nenju Rosenkranz, dessen Rosen viele Ecken haben.
6. Shakujô, Ringstab zum Taktschlagen beim Sutrenhersa-
   gen.
7. Hangai, Kleine Standarte mit Baldachin.
8. Oizure, Traglast, ein Gestell mit einem Kästchen, in welchem sich ein Buddhabild befindet.
9. Katabako, Schulterkästchen, wohl ein über die Schulter
   getragenes Kästchen.
10. Kongôjô, Pilgerstab.
11. Hikishiki, Sitzschurz, aus Hirsch- oder Bärenfell.
12. Gyahan, Gamaschen, gewöhnlich Kyahan genannt.
13. Hi-ôgi, Eine Art Fächer aus Thuyaholz.
14. Shibauchi, Buschmesser.
15. Sôjô (hashira-nawa) Seil (zum Fesseln böser Geister).
16. Waraji. Strohsandalen.

mittelalterlichen Panzer übernommen sind, dürfte nach ihrer Form kaum in Frage stehen. Daß in Gegenden, wo Shingon und Tendai vorwiegen, bei Begräbnissen der Tote in der Regel mit Handschützern und Gamaschen angetan in den Sarg gelegt wird, läßt auch auf ein gewisses Alter dieser Ausrüstungsgegenstände schließen.

Das Gewand.

Das Gewand ist, wie schon gesagt, aus einfachem weißen Stoff in dem gewöhnlichen Schnitte des japanischen Kimono; darunter trägt man ein Untergewand (juban) aus demselben Stoff. Auf das Gewand lassen sich die meisten Pilger an jedem Tempel die roten Stempel mit der Nummer und dem Namen des Tempels und dem Siegel der Hauptgottheit aufdrucken, vielleicht auch noch an ein oder zwei besonders berühmten Plätzen die Bilder der Hauptgottheit. Dieses Gewand mit den Stempeln ist sehr „arigatai"[1] der Pilger hebt es für den Rest seines Lebens sorgfältig auf und läßt es sich in seiner Sterbestunde anlegen. Der Schutz und die Fürbitte aller Gottheiten der 88 Tempel sichern ihm ein seliges Ende. Viele Pilger nehmen daher, um das Sterbegewand nicht zu beschmutzen, einen in ein weißes Tuch eingeschlagenen besonderer

---

[1] Über die religiöse Bedeutung dieses heute zur alltäglichen Dankesformel heruntergedrücken Wortes s. Gundert, Der Shintôismus im japanischen Nô-Drama, Mitt. d. D. Ges. f. Nat. und Völkerk. Ostasiens, Bd. XIX, S.227.

Kimono mit, den sie an jedem Tempel sorgfältig aus-
packen, um ihn nach Empfang der Stempel ebenso
sorgfältig wieder einzupacken.

Der Hut.

Auf den Abbildungen der Periode Jôkyô haben
fast alle Hüte die Form eines stumpfen Kegels, ent-
sprechen also genau der Form des alten Ritterhutes
(chingasa); nur zwei zeigen die Gestalt einer flachen
Kugelhaube, was jedoch auf Zufall beruhen könnte.
Von den drei Pilgerhüten auf dem Bilde der Periode
Bunkwa ist jeder verschieden. Der eine ist kegelför-
mig, der andere zeigt im Querschnitt die Form eines
Paraboloids, der dritte die eines Kugelsegments mit
abgerundeten Rändern. Auch heute findet man verschiedene Formen, doch sind nach meinen Erfahrungen das Kugelsegment mit abgerundeten Rändern o-
der die Kugelhaube die Regel. Der Hut hat einen
Durchmesser von 60 cm, und eine Tiefe von 15—20
cm. In der Mitte befindet sich ein der Kopfform anzu-
passendes Gestell, damit der Hut nicht direkt auf dem
Kopfe aufsitze. Von der Mitte der inneren Hutfläche
hängen über das eben beschriebene Gestell Schlingen
aus mit Watte gefütterten Stoffbändern herunter, welche durch einen weißen Bendel unter dem Kinn zu-
sammengezogen werden, und so den Hut festhalten.
Wäre nur ein einfacher Bendel da, so würde sich der
Hut zu leicht verschieben. Auf die Oberfläche des Hu-
tes schreibt der Führer vor, vom Mittelpunkt ausge-

hend in entsprechender Verteilung strahlenförmig die folgenden Verse zu schreiben:

„Aus dem Irrtum die drei Welten
Aus dem Erwachen die zehntausend Himmel
Im Anfang war nicht Ost noch West
Wo war da Nord, wo war da Süd?"

Außerdem werden Name und Herkunft des Pilgers auf dem Hute vermerkt. Die Leute aus Shikoku kann man daran erkennen, daß sie in einem Kreise das Zeichen „i" für Iyo, „to" für Tosa, „sa" für Sanuki und „a" für Awa tragen, doch ist das „to" verhältnismäßig am seltensten zu sehen.

Die Traglast.

Auf alten Abbildungen, z. B. auf Romanillustrationen, welche Pilger der Saikokustraße zeigen, finden wir das „oizure", ein die ganze Rückenlänge ausfüllendes Traggestell, an dessen oberem Ende der Pilgerhut befestigt ist, der somit über dem Haupte des Pilgers schwebt oder richtiger wippt. In dem unteren Teile des Traggestells befindet sich wahrscheinlich ein Schrein mit einem Buddhabild. Die Wiedergaben der Shikokupilger aus der Genrokuzeit und später zeigen jedoch nur ein einfaches längliches Bündel, oidawara oder nidawara genannt; die Enden der Bänder, mit denen dieses Bündel eigentlich ein Reissack, an beiden Seiten angebunden war sind vor dem Halse zusammengebunden, so wie wir heute noch manchmal Waschmänner oder Hausierer ihr Wäsche- oder Warenbündel tragen sehen. Heute hat der Pilger in der Regel ein geflochtenes Körbchen, eine verkleinerte Ausgabe der in Japan so beliebten verschnürbaren Reisekörbe (kôri), welches ca. 10 cm lang, 25 cm breit, und in leerem Zustande ungefähr ebenso hoch ist. Dieses Körbchen ruht auf einer hölzernen Unterlage, von der die Tragbänder ausgehen. Diese halten das Körbchen zugleich auf dem Gestell fest und werden durch Bendel an zwei Stellen auf der Brust zusammengehalten.

In dem Gepäck befindet sich außer Wäsche (Schlafgewand, jap. nemaki, Badekimono, jap. yukata, etc.) auch die Regenausrüstung (amagu), d. h. meist nur ein großes Ölpapier oder eine Art Radmantel mit oder ohne Kapuze aus diesem Material, ein primitiver, aber wie ich mich selbst überzeugen konnte, gar nicht unwirksamer Schutz gegen Regengüsse, solange diese nicht zu stark werden. In der ältesten Zeit benutzte der Pilger statt dessen eine Binsenmatte, „goza", wie sie noch heute die Fuji-, die Asama-, und auch in Shikoku die Tsurugipilger benutzen. Weiter ist im Gepäck ein kleines Körbchen von der Form der Bentô-Schachteln zur Aufnahme der Wegzehrung, sowie im Falle von Wallfahrten für Verstorbene nicht selten die Asche oder das Ahnentäfelchen des betreffenden Toten.

Mentsû und Zudabukuro.

Das vom Halse herabhängende Ränzel, mentsû oder ebako genannt, wie es meist die flötespielenden Priester („komusô") tragen, die das ganze Gesicht von dem glockenförmigen Hute bedeckt herumziehen und Gaben sammeln, wird heute auf der Wallfahrt in Shikoku nur noch von Priestern benutzt. Der Führer der Periode Jôkyô, der aus der Periode Bunkwa und später der aus der Periode Tempo erwähnen jedoch bei der Ausrüstung einzig dieses Wort. Gewöhnliche Leute tragen statt dessen heute auf der linken Seite eine Art Tasche, aus weißem Stoff, die an einem breiten, über die rechte Schulter führenden Bande herabhängt. In dieser Tasche bewahrt der Pilger sein Pilgerbuch und seinen Führer; sie dient ihm auch zur Aufnahme der Gaben, die ihm gereicht werden. Diese Tasche heißt „zudabukuro".

Schuhwerk.

Wie wir oben sahen, rät Shikokudô Shi-nan in der Einleitung, „ashinaka zôri" zu benutzen, d. h. „zôri", welche nicht über die ganze Unterseite des Fußes reichen, sondern nur der eigentlichen Sohle eine Unterlage gewähren. Vollständige „zôri" wären besonders beim Bergsteigen hinderlich gewesen, während die in den alten Büchern „warôzu", heute gewöhnlich „waraji" genannten Strohsandalen sich dadurch als unpraktisch erwiesen, daß man sie ohne Zuhilfenahme der Hände nicht ausziehen und sich andererseits bei dem

Mangel an Waschwasser schmutzig gewordene Hände nicht reinigen konnte. Heute ist an jedem Tempel für Wasser gesorgt, dafür sehen wir jetzt einen anderen Wandel, indem von Jahr zu Jahr mehr Leute dazu übergehen, die Strohsandalen mit den „Tausendmeilenstrümpfen" (jap. senritabi), wie die mit Gummisohlen versehenen „tabi" allgemein genannt werden, zu vertauschen. Die weiter unten abgedruckte Pilgerregel (s. S. 86ff.), redet zwar noch den Strohsandalen das Wort, angeblich aus Gründen der Zweckmäßigkeit, da man mit den Tausendmeilenstrümpfen auf den steilen Wegen leicht ausgleite. Aber nach den von mir darüber befragten Pilgern sind die Gummitabi weit zweckmäßiger; man gehe ebenso sicher wie mit den „waraji" und reiche mit einem Paar für die ganze Fahrt, während man mit Strohsandalen alle zwei bis drei Tage ein Paar, bei schlechten Wegen im Gebirge jedoch oft zwei Paare an einem Tage zerreiße. Dagegen hat sich unser europäisches Schuhwerk bisher so wenig wie die europäische Kleidung auf der Wallfahrt einzubürgern vermocht.

Der Stab.

Einer der wichtigsten Ausrüstungsgegenstände ist der Pilgerstab. Er ist nämlich nichts mehr und nichts weniger als der Vertreter des Daishi, deshalb schreibt auch die Pilgerregel vor, daß wir „fein säuberlich" (go teinei ni) mit ihm umgehen, und wenn wir abends in der Herberge anlangen, ihn vom Schmutze reinigen sollen, ehe wir die eigenen Füße waschen. In der Herberge geben wir ihm den Ehrenplatz, d. h. wir stellen ihn in die Nische (jap. toko) und verrichten eine kleine Andacht, ehe wir es uns im Zimmer bequem machen. Ja, viele Leute nähen ein vielleicht zwanzig Zentimeter langes Futteral aus weißem Stoff, das sie über das obere Ende des Stabes stülpen, um ihn zu schonen und die dort befindlichen Siddhamzeichen nicht durch den Schmutz und Schweiß der Hände zu verunreinigen. Kommt man tagsüber an einem klaren Wässerlein vorbei, so ist es gut, die Spitze des Stabes darin zu waschen; dann werden die eigenen Füße stark und nicht wund. Geschieht es einmal, daß an einer Wegkreuzung kein Wegezeichen ist, wird der Stock zum Orakel: aufrecht stellt man ihn hin und läßt ihn los, so wird er die richtige Straße zeigen [1].

Es gibt verschiedene Arten von Pilgerstäben, z. B. den glatten runden Thuyastock (hinokizue), den mit Ringen versehenen Hochstab (shakujô) u. a. Der auf der Shikoku-Wallfahrt vorgeschriebene Stock ist ein einfacher leichter Stab aus Zedernholz; er ist viereckig; jede Seite stellt eine der oben beschriebenen Glaubensstufen dar. Nach unten zu werden jedoch die Kanten abgeplattet, so daß der Stock unten achteckig (oder

---

[1] Der Pilger ist fest überzeugt, daß dieses Orakel in der Regel zutrifft. Am ersten Tage meiner Reise begleitete mich ein junger Buddhist, der an einer Stelle das Orakel anwandte und zwar mit Erfolg; an einer anderen Wegkreuzung — wir waren des Regens halber von der eigentlichen Pilgerstraße abgewichen, um auf die Landstraße zu kommen — gingen wir auf eigenes Gutdünken und f e h l.

auch rund) wird. Außerdem ist das obere Ende ringsum viermal eingekerbt, so daß der Stock in fünf Abschnitte, einen langen und vier kürzere, zerfällt. Er wird dadurch zur Nachbildung der „stûpa", wenn auch die Formen (Würfel, Kugel, Pyramide, Halbkugel, Spitzkugel) nicht nachgebildet sind[1], und stellt die fünf Elemente dar. Das unterste längste Stück ist die Erde, die anderen Abschnitte bedeuten Wasser, Feuer, Luft und Äther, bzw. die den fünf Elementen entsprechenden Grundfarben gelb, weiß, rot, schwarz (dunkel) und blau. Auf die Seiten werden in die einzelnen Abschnitte folgende Siddhamzeichen mit Tusche eingetragen:

1. Seite: a ba ra ha kya

2. Seite: â bâ râ hâ kyâ

3. Seite: aṅ baṅ raṅ haṅ kyaṅ

4. Seite: ak bak rak hak kyak

Unterhalb der Zeichen wird auf die erste Seite
„Jumpai shitatematsuru Shikoku 88kasho Dôgyô
Futari"
(Wallfahrt zu den 88 Stätten Shikokus, in Ehrfurcht verrichtet von zwei Weggenossen)
und auf die dritte Seite Name und Herkunft geschrieben.

---

1 Dagegen habe ich den Stock eines Saikoku-Pilgers gesehen, bei dem die Formen der „stûpa" genau nachgebildet waren.

Der Stock heißt „kongôzue"[1]. Da Kôbô Daishi die Reinkarnation des Dainichi Nyorai ist, dessen Name als Beherrscher der Welt der unerschütterlichen Ideen, der Kongôkai, „Kongô", der Diamant lautet und auch auf Kôbô Daishi übertragen wurde; da zudem der Stock, wie wir sahen, eine Nachbildung der die fünf Elemente der Kongôkai darstellenden „stûpa" oder „gorintô" ist und als Stellvertreter des mit uns pilgernden Daishi gilt, dürfte eigentlich über die Herkunft und Bezeichnung des Stabes wenig Zweifel herrschen. Einige jedoch, wie Bukkyô Daijiten und das Wörterbuch Kotoba no Izumi (o. Gensen), führen die Bedeutung des Stockes auf das „tokko" (weniger korrekt „dokko"), den Einzack, zurück, d. h. auf den Blitz, den Indra zur Besiegung der bösen Geister in der Hand hält.

In der Tat spielen „tokko", „sanko" und „goko" (Einzack, Dreizack und Fünfzack) im Shingon eine große Rolle. So gehen der Sage von der Gründung des Kôyasan, wonach Kûkai vor der Heimkehr aus China am Strande das „sanko" in die Luft geworfen und später an dem Zweige einer Kiefer auf dem Gipfel des Kôya hängend wiedergefunden habe, in Shikoku zwei fast identische Sagen parallel, die eine, wonach er das

---

[1]. Bukkyô Daijiten bringt nicht nur eine abweichende Lesung, sondern erwähnt überhaupt den Pilgerstab erst an zweiter Stelle. Er beschreibt zunächst ein Kultgerät gleichen Namens, dessen vier Seiten jedoch je 1.5 Zoll breit sind und dessen Gesamtumfang von 6 Zoll die Bedeutung der 6 Mahâbhûta's, der sechs großen Elemente Erde, Wasser, Feuer, Luft, Äther und Bewußtsein hat.

„tokko" in die Luft warf, welches an der Stelle auf einem Baum landete, wo heute der 36. Tempel steht, die andere, wonach die fünf Tempel, die bis zur Meijizeit die Wallfahrtsstätte Nr. 37 bildeten, an der Stelle entstanden, wo der in die Luft geschleuderte Fünfzack niederfiel.

Der Stock wird in der rechten Hand getragen, während um die linke der Rosenkranz geschlungen ist.

Zettel und Zettelklammer.

Wie der Saikoku-Pilger, so hinterläßt auch der von Shikoku an jedem Tempel, den er besucht, einen Zettel, „fuda" genannt, den wir als seine Visitenkarte bezeichnen könnten, erweckte der moderne Ausdruck nicht falsche Vorstellungen. Ich gebrauche daher im folgenden einfach das Wort Zettel. Die japanische Bezeichnung für das Abgeben der Zettel ist „fuda wo utsu", d. h. den Zettel anschlagen, ja man gebraucht das Wort „utsu" (schlagen) in der Pilgersprache geradezu für „besuchen" oder „erledigen", z. B. „gojûban wo mô uchimashita ka ?" (Hast du den 50. schon besucht ?) oder „watakushi wa bangai wo uchimasen" (Die außerhalb der Reihe liegenden Tempel besuche ich nicht). Das Wort erhält einen Sinn, wenn wir bedenken, daß der älteste überlieferte Zettel, der an dem Heiligenschrein des Emmyôji (Nr. 53), aus Kupferblech besteht und tatsächlich angeschlagen ist, und daß das Wort „fuda", wie das chinesische Schriftzeichen zeigt, überhaupt ursprünglich ein Holzbrettchen bedeutet und hölzerne „fuda" auch heute noch, von den „tatefuda" ganz abgesehen, vielfach in Theatern, Warenhäusern, Banken usw. gebraucht werden. Da mit der Wallfahrt ursprünglich an jedem Tempel eine Stiftung verbunden war (s. Schriftopfer, S. 91ff.) und bis zum heutigen Tag die Namen der Stifter an vielen Tempeln auf Holzbrettchen geschrieben und auf ein Gerüst aufgenagelt werden, glaube ich die Vermutung aussprechen zu dürfen, daß das „utsu", das Anschlagen der „fuda", der älteste Brauch ist, wenn auch in der Gegenwart nur noch ausnahmsweise ein Pilger oder eine Gruppe von Wallfahrern derartige hölzerne oder kupferne Zettel anschlagen[1]. Diese Vermutung steht allerdings im Widerspruch zu der Sage, die den Ursprung des Zettelanklebens erklärt und die wir im folgenden ganz wiedergeben, da sie auch die Rechtfertigung der in umgekehrter Richtung vollzogenen Wallfahrt bringt und außerdem zeigt, wie verschiedene weit auseinander liegende Tempel und Plätze durch die Legende miteinander verbunden werden.

Die Sage von Emon Saburô.

In dem Dorfe Ebara unweit von Matsuyama lebte ein reicher, aber hartherziger Mann, Emon Saburô genannt, welcher acht blühende Kinder sein eigen nann-

---

[1] Einige solche Zettel sind an jedem Tempel zu finden, doch sind sie nicht immer aus einfachem Holz, sondern auch aus schwarzer Lackarbeit mit roten oder goldenen Lettern usw.

te. Als Kûkai durch Shikoku zog, weilte er auch einige Zeit in jener Gegend und nahm sich vor, jenen Mann zu einer besseren Einsicht zu bringen. Er kam daher mehrere Tage hintereinander an das Tor des Reichen, sagte seine Gebete her und reichte seine eiserne Schüssel hin zur Aufnahme der Gaben. Emon wies ihn jedesmal ab, aber als Kûkai immer wieder erschien, ward er schließlich zornig, nahm einen Stock und schlug damit dem Priester die Schüssel aus der Hand; sie fiel zu Boden und zerbrach in acht Stücke. Noch am selben Tage erkrankten Emons Kinder eines nach dem anderen und starben zum größten Schmerze der Eltern. Bis auf den heutigen Tag bezeichnen acht Hügel[1], durch Staub, den Kûkai von ferne in den Wind warf, entstanden, die acht Gräber, und der Achthügeltempel (jap. Yasakaji) ist der 47. der Wallfahrtstempel. Emon Saburô bereute seine Hartherzigkeit und Heftigkeit gegenüber dem Priester, dessen Heiligkeit er jetzt erst erkannte, und machte sich auf zu dem kleinen Tempel, der jenem als Aufenthaltsort gedient hatte, um ihn um Vergebung zu bitten. Aber als er dorthin kam, war der Gesuchte schon weitergezogen. Emon nahm daher einen Bogen Papier, faltete ihn dreimal und schrieb auf einen der so erhaltenen sechs Zettel seinen Namen. Den Zettel klebte er an dem Tempel an und zog weiter, Kûkai nach, aber wohin er auch kam, überall war der Heilige schon vorausgegangen. Emon hinterließ jedesmal einen Zettel und folgte der Straße, die der andere gezogen. Zwanzigmal machte er

---

[1] Diese von Archäologen als prähistorische Gräber bezeichneten Hügel kann man heute noch sehen.

so die Runde um Shikoku; die Mühen und Anstrengungen hatten ihn alt und schwach werden lassen und noch hatte er Kûkai nicht eingeholt. Da entschloß er sich einen letzten Versuch zu machen; er zog in umgekehrter Richtung und begegnete endlich, dem Tode nahe, zwischen dem 13. und dem 12. Tempel dem lange Gesuchten. Willig erteilte ihm dieser Absolution und versprach ihm auf seine Bitten, daß er noch einmal in diese Welt geboren würde, um seine früheren Verfehlungen gutmachen zu können.

Im Juli des folgenden Jahres wurde im Hause des Herrschers von Iyo, Kôno Ochi Yasukata ein Sohn geboren, dessen linke Hand von Geburt an krampfhaft geschlossen war. Erst im dritten Lebensjahre öffnete sie sich bei Gelegenheit eines Festes und ein Stein fiel daraus zu Boden, auf dem man bei näherem Zusehen undeutlich die Zeichen „Emon Saburô" erkennen konnte[1]. Diesen Stein hatte Emon vor seinem Tode von Kûkai gleichsam als Siegel der ihm gemachten Verheißung erhalten. Der Sohn des Fürsten war also die Reinkarnation Emon Saburôs. Nachdem der Herrscher von Iyo geworden war, ließ er den 31. Tempel, der bis dahin Anyôji geheißen hatte, in prächtiger Weise neu aufbauen und stiftete den Stein, der noch heute daselbst aufbewahrt wird — er ist sogar Nationaleigentum — dem Tempel. Seither heißt der Wallfahrtsort

---

[1] Dasselbe Moment zeigt sich in der Geschichte des Tachibana no Yoshine, dessen Sohn der Gründer des 27. Kwannontempels, des Shoshasan, wurde: nur handelt es sich statt des Steines um eine Nadel.

„Ishiteji" (Stein-Hand-Tempel), aber in dem Liede des Tempels besteht der alte Name weiter fort.

An der Stelle, wo Emon der Sage nach seinen ersten Zettel hinterließ, hat vor ungefähr fünf Jahren ein auf der Shikoku-Wallfahrt befindlicher Priester „im Traume von Daishi die Weisung erhalten, einen Tempel zu errichten". Einstweilen ist es nur eine ziemlich bescheidene kleine Halle, in welcher zwei aus Zetteln der Pilger verfertigte Statuen des Daishi und des E-mon Saburô aufgestellt sind, während an der Wand mehrere schlecht gemalte Langbilder die obige Geschichte im Bilde erzählen. Die Sage selbst ist jedoch sehr alt und schon in den ältesten Führern berichtet.[1] Wie man aus ihr ersieht, soll der Pilgerzettel aus dem sechsten Teile eines japanischen Hanshi-Bogens bestehen, welcher ca. 35 cm breit und 25 cm lang ist. Der Zettel müßte demnach 5—6 cm breit und 25 cm lang sein. Tatsächlich habe ich Zettel von dieser Größe gefunden, wenn die Pilger den ganzen Zettel selber geschrieben hatten. Hauptsächlich ältere Leute oder

---

[1] Durch die Freundlichkeit des Herrn Prof. Kageura konnte ich die aus der Periode Jôkyô datierende Abschrift einer sehr alten Chronik „Futanashû" (Sammlung von Futana, Futana ist der alte Name für Iyo), in welcher diese Sage schon berichtet wird, zur Korrektur der heute geläufigen Version beiziehen.
Bei den 33 Tempeln von Saikoku wird der Ursprung der Zettel darauf zurückgeführt, daß Kaiser Kwasan der Kwannon von Kogawa auf einen Zettel ein Gedicht geschrieben habe. Dieses heute erhaltene „fuda" stammt jedoch erst aus dem 16. Jahrhundert, ist also 570—580 Jahre jünger als Kaiser Kwasan und nicht älter als der früheste Zettel der Shikoku-Tempel (s. Inamura, S. 594).

Frauen vom Lande tun dies noch, die Mehrzahl benutzt dagegen die überall erhältlichen mit Vordruck versehenen Zettel, bei denen man nur noch Name und Wohnung einzutragen hat, wofern man sich nicht auch noch dieses dazudrucken läßt. Da auch das Papier der gedruckten Zettel meist schlechter ist als das Hanshi-Papier, ist dieser Übergang zur Mechanisierung und Proletarisierung nicht gerade zu begrüßen. Die gedruckten Zettel sind meistens kleiner, als es den obigen Maßen entspricht, und tragen außer der Inschrift häufig noch eine kleine Wiedergabe des sogenannten Kôya Daishi[1]. Das Führerbuch wendet sich jedoch mit starken Worten gegen eine derartige Unsitte: „Viele Leute machen die Wallfahrt mit Zetteln, welche ganz ungehörigerweise am oberen Ende das erhabene Bildnis des Daishi zeigen; durch Unvorsichtigkeit fällt ein solcher Zettel auf die Straße, wird unsäglicher Entweihung ausgesetzt, von schmutzigen Füßen zertreten, mit Kuh- oder Pferdemist bedeckt u. dergl. Wo bleibt bei solchen Leuten die Frömmigkeit? Ihren Worten fehlt die Übereinstimmung mit den Taten."

Der herkömmliche Zettel des Shikoku-Pilgers ist also ein einfaches weißes Hochrechteck. Die Zuspit-

---

[1] Man zählt insgesamt zehn verschiedene Bilder des Daishi, von denen die bekanntesten die folgenden sind:
Mehiki Daishi, von ihm selbst vor der Abreise nach China für seine Mutter gemalt. Kôya Daishi, von dem Prinzen Shinnyo vor Daishis Tode gemalt. Der Kôya Daishi sitzt auf einem Priestersessel, hat in der linken Hand den Rosenkranz und in der rechten den Fünfzack. Darüber sind der Koyasan, die Dreizack-Kiefer usw. als Hintergrund gemalt.

zung am oberen Ende, wie sie der in der Encyclopaedia Japonica abgebildete Zettel der Wallfahrt zu den 33 Kwannontempeln zeigt, ist ihm ebenso fremd wie die kunstvolle malerische Ausschmückung, die in Kantô so beliebt ist. Solche Zettel an den Shikokutempeln sind in der Regel von Leuten aus Tôkyô und Umgebung oder auch von einem herumpilgernden Wein- oder Shôyuhändler, der wie Herr Imazu mit seiner Seelenmesse für die seinem Insektenpulver zum Opfer gefallenen Fliegen so mit seiner Wallfahrt zugleich ein bißchen Reklame verbindet.

Als Inschrift des Zettels geben die ältesten Führer an:
Osametatematsuru Henrei Shikokuchû Reijô Dôgyô Futari
(Wallfahrt zu den heiligen Stätten auf Shikoku in Ehrfurcht verrichtet von zwei Weggenossen).

Heute schreibt man statt dessen laut Führer:

Osametatematsuru Shikoku Reijô Henrei Dôgyô Futari

(also ohne das Zeichen „chû" [auf] und mit Umstellung des Wortes „henrei"). Doch habe ich auf den von mir gesammelten Zetteln eine solche Fülle von Varianten gefunden, daß man gerade in diesem Punkte schwer eine Regel aufstellen kann. Allerdings wiegen unter den von mir geprüften Zetteln die Zahlenangabe (88) und die Bezeichnung „jumpai" statt „henrei" vor. Bei der Zettelklammer hat sich dagegen ein bestimmter Wortlaut erhalten (s. u.). Oben zu beiden Seiten werden gewöhnlich ein oder zwei jener uralten, schon aus der Zeit vor Kôbô Daishi überlieferten Gebetswünsche geschrieben:

„Großer Friede unter den Himmeln!"
„Ruhe und Sicherheit der Nation!"
„Ruhe und Sicherheit des Landes!"
„Ruhe und Sicherheit der Familie!"
„Gedeihen der fünf Getreidearten!"
„Gedeihen des Geschäftes!"
„Wohlstand und Freude für alle Menschen"
„Reine Sonne und klaren Mond!"

dazu in den letzten Jahren auch, meist von Leuten der gebildeten Klassen:

„Weltfrieden!"

Darunter setzt man auf die eine Seite Jahr, Tag und Monat, auf die andere Namen und Wohnort.

Bei Wallfahrten für verstorbene Angehörige wird der Name des Betreffenden durch eine buddhistische Metapher ausgedrückt, z. B. „Knabe des Orchideenzimmers", „Mädchen des wunderbaren Lotus" oder „In der kalten Zeit zur Klarheit erwachte Gläubige" oder auch nur „eine Frau aus dem Jahre des Pferdes" etc.

Die Farbe des Zettels ist im allgemeinen weiß; wer jedoch die Fahrt mehr als siebenmal gemacht hat, gibt einen roten Zettel ab; ich fand auch mehrfach grüne Zettel und einmal einen dunkelblauen, ohne die genaue Bedeutung erfahren zu können. Dagegen gibt es auch goldene Zettel von solchen, die mehr als 50 mal um Shikoku herumgepilgert sind[1]. Solche Zettel sind sehr gesucht, da sie als Heilmittel gegen allerlei böse Krankheiten gelten. Durch die Freundlichkeit eines Priesters gelang es mir, einen solchen Zettel zu bekommen, welcher merkwürdigerweise wie jener älteste Zettel am Emmyôji oben abgeschrägt ist.

Eine Besonderheit sind die Zettel, welche von solchen Pilgern abgegeben werden, die als Vertreter einer Gemeinschaft die Wallfahrt machen. Sie sind manchmal so groß wie ein einfaches Zeitungsblatt und enthalten die Namen aller Gemeinschaftsmitglieder. Ein in meinem Besitz befindlicher Zettel eines von Hawaii entsandten Vertreters hat sogar fünf auf jener Insel errichtete Shingontempel abgebildet.

Der Pilger hinterläßt seine Zettel an den verschiedenen Heiligtümern jedes Tempels, bei am Wege liegenden Kapellchen, in der Herberge, wo er übernachtet, sowie bei Leuten, die ihn unaufgefordert bewirten (s. u. „settai"). An den Tempeln befindet sich meist ein aus der Wand herausragender zugespitzter Draht, in den man den Zettel hineinsteckt; manchmal gibt es auch einen weitmaschigen Bambuskorb oder die Aufforderung, die Zettel in den Opferkasten zu werfen. Bis in die jüngste Zeit wurden jedoch die Zettel, sofern sie nicht angeschlagen wurden, an der vorderen Außenwand des Tempels angeklebt. War kein Platz mehr

---

[1] Nach Aibara jedoch:
    8—21 mal weiß, aber unbeschrieben,
    22—40 mal rot,
    41—50 mal silbern,   über 50 mal golden.

da, klebte man sie auf die früheren darauf. Sonne, Wind und Regen taten das übrige dazu, um die alten allmählich vergilben zu lassen, ohne daß das auf diese Weise entstandene weißgraue Mosaik dem Gebäude gerade zur Zierde gereicht hätte. Es ist daher verständlich, daß sich die Priester mehr und mehr gegen die Verzierung der ihrer Verwaltung unterstehenden Gebäude wehren und daß man vielfach sogar schon ein ausdrückliches Verbot des Anklebens findet. Der Pilger macht auch in der Regel gerne von den der Aufnahme der Zettel dienenden Einrichtungen Gebrauch, da er für gewöhnlich keinen Kleister bei sich führt, aber einige, die auf Dauer Wert legen, nehmen auch jenen mit auf die Wallfahrt, ja es gibt sogar findige Spezialisten aus der Hauptstadt, die einen Pinsel mit sich führen, dessen Stiel aus Bambusrohr sich wie ein Fernrohr ausziehen läßt, so daß sie damit ihre Zettel an die höchsten Stellen, ja selbst an die Decke der Vorhalle ankleben können.

Zettelklammer.

Die Zettelklammer, in der der Pilger seine Zettel trägt, besteht aus zwei einfachen Brettchen, von sechs Zoll Länge und zwei Zoll Breite, die durch Schnüre zusammengehalten und vom Hals herabhängend auf der Brust getragen werden. Wo die Schnüre im Nacken liegen, sind ein ein bis zwei Zentimeter großer Strohsack und ein paar ebenso kleiner „ashinaka zôri" angeknüpft. Diese sind des Daishi Gepäck und Schuhwerk, „on nidawara" und „on hakiryô", auch „Daishi no go yô" genannt. Wenn man so für den Daishi Gepäck und Schuhzeug mitnimmt, wird einem auf di Reise die Wegzehrung nicht ausgehen und man wird auch mit den eigenen Füßen nie Schwierigkeiten haben.

Statt der Zettelklammer wird schon in den ältesten Führern auch eine Art Schieberkästchen erlaubt, das sich im Gegensatz zu unseren Federkästen auf der Schmalseite öffnet. Welche Art von Zettelklammer man auch benützt, die Inschrift bleibt die gleiche:

Vorderseite:

1.	Zeile	Großer Friede unter den Himmeln	Bezirk, Kreis, Stadt, Dorf usw.
2.	Zeile	Wallfahrt zu den Heiligen Stätten auf Shikoku, in Ehrfurcht unternommen von zwei Weggenossen	
3.	Zeile	Reine Sonne und klaren Mond!	Name

Auf die Rückseite schreibt man:

1.	Zeile	Jahr
2.	Zeile	Namu Daishi Henjô Kongô (Ich vertraue dem Daishi, dem Alles Erleuchtenden, dem Diamanten)
3.	Zeile	Monat und Tag

Die rechts und links auf der Vorderseite stehenden Wünsche sind in dem Führer „Shikokudô Shi-nan" noch nicht angegeben; statt dessen stand die Jahres-, Monats- und Tagesangabe auf der Vorderseite, Name und Herkunft auf der Rückseite. Außerdem war über dem „Namu Daishi" und über dem „Osametatematsuru" das Siddhamzeichen „yû" angebracht[1]. Es ist auffallend, daß sich die alte Bezeichnung der Wallfahrt unverändert auf de Zettelklammer erhalten hat — alle, auch die neusten Bücher stimmen hier überein —, während bei den Zetteln selbst eine so große Willkür zu herrschen scheint. An der Art, wie die Zettelklammer um den Hals gehängt ist, kann man erkennen, ob der Pilger die Wallfahrt in gerader oder in umgekehrter Richtung macht. Im ersteren Falle laufen die Schriftzeichen von links nach rechts, im letzteren hängt er die Klammer so, daß die Inschrift von rechts nach links zu lesen ist.

Handschützer, Gamaschen, Sitzschurz.

Zum Schutze gegen die Sonne sind die Arme und Hände mit Handschützern, tekkô genannt[2], bedeckt, welche von der Mitte des Unterarms über den ganzen Handrücken reichen. Auf der unteren Seite des Armes werden sie mittels Metallzungen, wie sie die „tabi" haben, geschlossen, während der den Handrücken bedeckende Teil mittels einer gedrehten Schlinge von dem darin steckenden Mittelfinger gehalten wird. Die Handschützer sind aus weißem Stoff, während die

---

[1] „yû" ist das Zeichen (jap. Shuji) des Miroku Bosatsu. Vielleicht ist in den alten Führerbüchern das Sanskritzeichen falsch geschrieben anstatt vam (jap. ban), welches das Zeichen Vairocanas, der Zentralfigur des Shingon, ist.

[2] Mit Verdoppelung des „k" im Führer als Aussprache angeben!

Beinschützer oder Gamaschen oft auch aus dunklem Stoffe getragen werden. Um das Kleid beim Sitzen zu schonen, hängt von dem gleichfalls weißen, nur etwa fünf Zoll breiten Gürtel hinten ein Stück Tuch von der Größe eines japanischen Handtuches herunter; dieses wird „shirishiki" oder „shirizuke" genannt.

Damit wäre die Ausrüstung des Pilgers beschlossen; in früheren Zeiten konnte er jedoch nicht auf die Reise gehen, ohne sich vorher einen Reisepaß vom Dorfschulzen oder sonst einer Amtsperson, nicht selten von dem Priester seines Familientempels, verschafft zu haben. Dank der Freundlichkeit Prof. Kageuras bin ich in den Besitz eines solchen Passes aus dem sechsten Jahre Bunsei (1823) gekommen, ein noch älterer aus der Periode Kan-en (1748–51), den ich bei demselben Herrn einsehen konnte, war im Wortlaut nur wenig verschieden. Ferner konnte ich aus dem Tempel zu Tachibana, einer Vorstadt von Matsuyama, durch die Freundlichkeit eines jungen buddhistischen Freundes das Muster eines Passes aus der Periode Bunkwa (1804–18) erhalten (s. Anhang).

D. AUF DER FAHRT.

I. Abreise und Ausgangspunkt.

Nachdem der Pilger die Ausrüstung beisammen hat, wählt er einen günstigen Tag für den Aufbruch (jap. kadode). Wohnt er in Shikoku, so kann er bei dem seinem Heimatsort zunächst liegenden Tempel beginnen; kommt er von Kyûshû, so nimmt er gewöhnlich das Schiff von Beppu nach Uwajima und fängt bei dem 41. Tempel an oder er fährt von Beppu oder Moji nach Takahama und beginnt bei dem 52., dem Taisanji, dem Schutztempel der Provinz Iyo, welcher der Sage nach von einem Manne aus Kyûshû gegründet wurde. Auch die Leute aus Yamaguchi- und Hiroshima-Ken treten gerne hier ihre Wallfahrt an, während weiter hinauf nach Okayama zu die kurze Überfahrt nach Takamatsu oder Tadotsu vorgezogen und nach einem Besuch bei dem Kompiraschrein zu Kotohira mit dem Geburtstempel Kûkais, dem Zentsû-ji, angefangen wird. Von Kôbe, Osaka und weiter östlich wählen die meisten ein Schiff, das sie nach dem kleinen Hafen Muya nahe bei der berühmten Meerenge von Naruto bringt.

Wie die Bedürfnisse der modernen Schiffahrt und die politischen Verhältnisse auch hier die Lage zugunsten der einen und zu ungunsten anderer Städte verschoben haben, sehen wir, wenn wir die alten Bücher zur Hand nehmen. Da sie in Osaka veröffentlicht sind, geben sie nur die Verbindung von Osaka an. Damals fuhr man entweder nach Tokushima und wanderte von dort aus zwei Wegstunden nach Bandô, um an dem dort befindlichen Reisanji zu beginnen oder nach dem ungefähr ebensoweit entfernten Onsanji (Nr. 18), wo nach der Überlieferung die Gebeine von Kûkais Mutter beigesetzt sind. Ein zweites Schiff ging nach Marugame, das heute seine Stellung zugunsten der Kreishauptstadt Takamatsu und des von der Natur besser ausgestatteten Tadotsu eingebüßt hat. Obwohl dieser zweite Weg 18 japanische Meilen (70 km) länger war, war der Fahrpreis doch derselbe; nach dem Shikokudô Shi-nan betrug er zwei Momme Silber, in der Periode Tempo dagegen schon vier Momme. Doch steht in allen älteren Führern folgende Bestimmung:

„Henro no tokai: Otoko hitori, onna hitori no kumiai wa narazu, nannyo tomo ni hitori wa narazu."

(Überfahrt von Pilgern: Ein Mann und eine Frau zusammen geht nicht; ein Mann oder eine Frau allein geht (ebenfalls) nicht.)

Der Grund, warum ein Mann und eine Frau zusammen nicht fahren können, ist wohl darin zu suchen, daß sich der Pilger auf der Fahrt aller Beziehungen zum anderen Geschlecht enthalten soll; einen einzelnen Mann oder eine Frau dagegen scheint man früher allgemein abgewiesen zu haben, da im Falle eines Unfalls niemand da war, um sich des Betreffenden anzunehmen und sich die Reeder unnötige Schererreien mit der gestrengen Polizei vom Halse halten wollten. Im Hizakurige kommen z. B. Yajirô und Kitahachi dadurch in Schwierigkeiten, daß sie sich in Osaka von einem ihnen unbekannten Manne, der um einen Weg-

126

genossen verlegen ist, aufgefordert werden, sich ihm anzuschließen. Auf der Fahrt nach Marugame gerät das Schiff in einen Sturm und der Mann stirbt an der Seekrankheit. Yajirô und Kitahachi jedoch müssen, da sie als seine Weggenossen gelten, sehen, wie sie mit der Leiche fertig werden. Es versteht sich, daß heute diese Einschränkungen nicht mehr bestehen. Die meisten Schiffahrtsgesellschaften geben jedoch den Pilgern eine Ermäßigung von einem Fünftel des Fahrpreises.

In der Morgenfrühe zwischen zwei und vier Uhr kommt das Schiff in Muya an. Ist es im März oder April, so treffen wir auf dem Schiffe Dutzende, ja Hunderte von Gleichgesinnten, die voller Spannung dem großen Erlebnis entgegensehen. Solche, die die Wallfahrt zum zweiten Male machen, werden über ihre Erfahrungen befragt; andere singen die Lieder der Saikoku-Wallfahrt als Vorbereitung und Übung für die der Shikoku-Tempel; ist ein Priester unter der Reisegesellschaft, so hält er wohl eine Predigt über den Daishi und den Segen der Wallfahrt, und ohne viel geschlafen zu haben, treten die Pilger einer nach dem andern über die kleine Landungsbrücke in die kalte Morgenluft hinaus. Ein Teil besucht zunächst die leicht erreichbare Meerenge von Naruto; man setzt im Fährboot auf die Insel Naruto über und gelangt nach einer Wanderung von eineinhalb bis zwei Stunden zu dem Punkte, von wo aus man bei einsetzender Ebbe die Wassermassen in wilden Strudeln donnernd durch das nur 1500 m breite Meerestor stürzen sehen und hören kann. Das gewaltige Naturschauspiel bildet einen würdigen Auftakt zu der bevorstehenden großen Reise. Andere haben sich unterdessen in einer Herberge oder in dem Warteraum der Schiffahrtsgesellschaft ausgeruht und machen sich, sobald der Tag anbricht und die Kälte etwas nachläßt, auf den Weg nach Bandô zum Reisan- ji. Dort erhält jeder Pilger ein bedrucktes Blatt, das wir als die Pilgerregel bezeichnen können und das in der Übersetzung folgendermaßen lautet:

II. Die Pilgerregel.

„Man wird gebeten diesen Zettel in Ruhe zu lesen, nachdem man in der Herberge angekommen ist."

„Beherzigung für die Wallfahrt zu den Heiligen Stätten Shikokus."

„Der Pilger hülle seinen Körper nicht in Unrein- heit und hege in seiner Seele keine schlechten Gedan- ken; geläuterten Leibes und reinen Herzens unter- nehme er die Bußfahrt. Er bestärke daher während der Wallfahrt Andere zum Guten und bewahre auch sel- ber die zehn Gebote. In welche Schwierigkeiten und Widerwärtigkeiten er auch gerate, so lasse er doch keine Gedanken des Ärgers aufkommen. Es wäre ein großer Schade, wenn die Fahrt, die er doch eigens im Glauben unternommen, um einer kleinen Unachtsam- keit willen ein schlechtes Ende nähme. Daher gebe er wohl acht, daß er die Erfüllung seines Gelübdes auch erreiche.

„Am Tempel angekommen verrichte er zuerst ru- higen Herzens seine Andacht und die Lesung der

Schriften, vollende dann ohne Eile das Schriftopfer und entferne sich bei großem Andrang nicht zu weit von seinem Gepäck, sondern habe gut acht, da auch ganz ohne böse Absicht Verwechselungen leicht entstehen. An Gepäck trage er so wenig als möglich, nur die allernötigsten Sachen mit sich und schicke lieber das, was er im Augenblick nicht braucht, an die Adresse eines geeigneten Tempels voraus. Brieftasche, Geld u. dergl. lege er unter keinen Umständen ab, zeige sie auch Anderen nicht. Für die Wegzehrung ist eine geflochtene Schachtel vorzuziehen. Auch empfiehlt es sich, eine eigene hölzerne Reisschüssel, Teeschale und Eßstäbchen bei sich zu haben. Als Fußbekleidung sind Strohsandalen am geeignetsten; zur Vorsorge ist stets ein besonderes Paar mitzunehmen. Wenn man „tabi" mit Gummisohlen trägt, genügt zwar ein Paar, aber unterwegs werden rasch die Füße wund und man hat gewiß Schwierigkeiten.

„Weggenossen, d. h. solche, welche gemeinsam die Wallfahrt zu machen gedenken, sollen einander liebend und zuvorkommend beistehen; begegnen sie einem schwachen oder von Krankheit geplagten Pilger, so sollen sie sich in dessen Pflege erschöpfen, als wäre es ihr eigner Leib. Das ist Mildtätigkeit, so nach dem Herzen des Buddha steht. In der Wahl der „Anhänger", worunter unterwegs sich einem anschließende Pilger verstanden werden, sei man vorsichtig; man bedenke, daß es zwar Zeiten gibt, wo es angenehmer ist einen Kameraden zum Plaudern zu haben, als allein zu reisen, daß es aber auch Fälle gibt, wo unser Glaube dabei zu Schaden kommt. Besonders nehme man sich vor Leuten in Acht, welche sich auf ihre Pilgererfahrung berufen. Es gibt nämlich schlechte Leute, die den redlichsten Eindruck machen; sie nähern sich und geben vor, sie wollten einem einen näheren Weg zeigen, wirksame Gebete halten oder einen geheimen Zauber lehren; am Schlusse nehmen sie dem Pilger doch nur mit Gewalt Geld ab und vergewaltigen vielleicht gar noch Frauen. Solche Leute sind auf den Straßen Shikokus da und dort zu finden und heißen „Gewohnheitler" (jap. jôshûsha), das sind Leute, die sich im Pilgerkleid auf den Straßen Shikokus suchen, wovon sie leben. Solche Leute für sich beten zu lassen tut nicht not. Wer nur mit ganzem Herzen dem Daishi folgt, kann die Erhörung seines Gebetes erreichen. Man hüte sich also vor solchen Leuten. Auch schreibe man auf den Pilgerstab, die Zettelklammer, die Zettel usw. Namen und Wohnort nicht allzu genau, erzähle auch nicht viel über seine persönlichen Verhältnisse, da jedes Jahr zahlreiche Leute Schwindeleien mit Postanweisungen zum Opfer fallen. Auf dem Wege sind überall Wegzeichen. Wo kein Wegzeichen ist, gehe man den Weg nicht. Kommt man in der Herberge an, so reinige man vor dem Waschen der eigenen Füße den Stab. Sein Gepäck streue man nicht überall im Zimmer umher, sondern packe, wenn es auch Mühe macht, alles wieder schön zusammen. Sonst verliert man Sachen und die Reue hilft hernach nichts. Wenn man das Quartier verläßt, sage man dreimal „on ato miyo sowaka", so wird man gewiß nichts vergessen. Die Regel, früh aufzustehen und früh einzukehren, gilt heute so gut wie früher. Wo man zum Übernachten eingeladen wird, da ist die Behandlung sicher nicht schlecht; man kehre daher ein, selbst wenn die Sonne noch hoch steht. Wenn man gerade noch ein wenig weiter gehen will, zieht sich der Weg oft in die Länge; eh' man's gedacht, wird es spät und man weiß nicht, wo man die Nacht bleiben soll.

„Shugyô, d. h. vor den Toren fremder Leute stehen und um Almosen (eigentlich Lohn für hergesagte Gebete) bitten, soll man jeden Tag vor ungefähr 21 Häusern abhalten, wie es schon Daishi als Beispiel gesetzt hat. So zu tun ist eine sehr gute Übung zur Ausbildung eines frommen Gemüts; man denke nicht, man tue es, um Geld oder andere Dinge zu empfangen; wer das Empfangen zum Zweck macht, ist nur ein Bettler, und seine Frömmigkeit sinkt herab. Diesen Punkt bedenke man wohl und handle entsprechend.

„Im Frühling von März bis Mai gibt es überall „settai", Empfangen von Gaben aller Art aus der Hand frommer Leute, „zenkon yado", d. h. unentgeltliche Beherbergung in den Häusern frommer Leute usw. Wenn einem solches zuteil wird, soll man es dankbarst entgegennehmen und dafür seinen Zettel überreichen.

„Auch die geschäftigen Herzens unternommene eilige Fahrt nach Art der „hikyaku"[1] führt nicht zur Frömmigkeit. Man kommt dabei nur zu Schaden; sie ist daher zu widerraten. Ohne anderen Sinn und Gedanken, gelassen und ohne Eile, das Gebet „Namu Daishi Henjô Kongô" auf den Lippen die Wallfahrt

---

[1]   Die Eilboten früherer Tage.

machen, das ist als die wahre Pilgerreise zu bezeichnen.

„Namu Daishi Henjô Kongô.

„Nachschrift: Wer auf der Wallfahrt geistige Störungen verspürt oder sonst welche Sorgen hat, wende sich vertrauensvoll an die Priester der Wallfahrtstempel. Wer zu dieser Pilgervorschrift etwas zu bemerken hat, teile es bitte, da es ja alle Pilger angeht, persönlich oder brieflich (dem Unterzeichneten) mit!

Shikoku 1. Tempel Reisanji.

Überreicht durch   Yoshimura Chizen."

Die Vorschriften der Führerbüchlein lauten ähnlich, an vielen Stellen ist sogar der Wortlaut genau derselbe. Nur bei der Beherzigung am „Zettelplatz", wie sie die Tempel nennen, an denen man seine Zettel abgibt, schreiben die Bücher etwas ausführlicher:

„Wenn man an den Zettelplatz ankommt, gieße man sich an dem Handwasserbecken Wasser über die Hände, begebe sich ruhigen Herzens zu dem Vorplatz der Halle (gemeint ist die Haupthalle, jap. „hondô"), ziehe seinen Zettel heraus und biete ihn der Hauptgottheit dar, reinige sich von sündigen Gedanken, bezeuge aufrichtig seine Verehrung und sage von den Gebeten her (ki-nenbun yori totonou; es ist also nicht gesagt, ob an jedem Tempel sämtliche Gebete herzusagen sind)."

III. Die Gebete.

Unter den 15 Gebeten, die der Pilger zu verrichten hat, sind ein Dharani-Gebet, d. h. eine japanische Transkription eines alten Sanskritgebetes, und drei sogenannte Shingon-Gebete, d. h. japanische Transkriptionen von Mantras. Zu dem einleitenden Gebete ist zu bemerken, daß für Kaiser nicht das Wort Tennô, Himmelskönig, sondern Tenshi, Himmelssohn, gebraucht wird; eines der neuesten Bücher gibt statt dessen Kinjô Heika, S. M. der regierende Kaiser, an. Dagegen war es vor 25 Jahren noch immer üblich, statt der Worte „des Kaisers und der Kaiserin, der hunderterlei Zivil- und Militärbeamten" einfach „des Kaisers und des Shôguns" zu sagen, obwohl doch der Shôgun zu jener Zeit seine Rolle schon längst ausgespielt hatte. Man kann verstehen, daß die besonders kaisertreuen Tosaleute von diesem Gebete nicht erbaut waren.

Im folgenden geben wir eine Übersetzung der Gebete, bzw. die Shingon- und Dharani-Formeln im Urtext. In der Reihenfolge der Gebete sowie im Wortlaut des 13. Gebetes zeigen sich kleine Abweichungen; ein neu erschienener, aber nicht sehr zuverlässiger Führer läßt sogar die Lobpreisung weg. Ein Vergleich mit den in dem Kanon der Shingonsekte (Shingonshû Seiten), S. 1535, angegebenen täglichen Gebeten für die Gläubigen, die noch nicht Haus und Familie aufgegeben haben, zeigt Übereinstimmung mit dem von uns zitierten Führerbuche „Shikoku Henro Dôgyô Futari" des Miyoshi Hirota bis auf die Einleitung und die Gebete 8, 12, 13, welche in dem Kanon fehlen.

1. Einleitendes Gebet: Ich bete um den Segen der Hauptgottheit dieses Platzes, des Daishi, der großen Sonnengöttin (Daijingû), des Landesschutzgottes und aller großen und kleinen Gottheiten Japans, des Kaisers und der Kaiserin, der hunderterlei Zivil- und Militärbeamten, meines Vaters und meiner Mutter, meiner Lehrer und Vorgesetzten, meiner Verwandten in den 6 Graden und meiner Angehörigen und der Dharmawelt ohne Unterschied.

2. Bußgebet: (Einmal) Was ich seit alters Schlechtes getan habe, kommt alles aus meiner unendlichen Begierde, aus Zorn und Torheit. Alles, was aus Körper, Wort und Willen entspringt, das bereue ich jetzt.

3. Die dreifache Hingabe (Dreimal): Der Jünger N. N. gibt sich hinfürder dem Buddha, der heiligen Lehre und den heiligen Lehrern hin.

4. Die drei Welten (Dreimal): Der Jünger N. N. gibt sich hinfürder der Welt des Buddha, der Welt der Lehre und der Welt der Lehrer hin.

5. Die zehn Gebote (Dreimal[1]): Der Jünger N. N. wird hinfürder nicht übertreten:

- das Gebot gegen mutwilliges Morden
- das Gebot gegen Raub fremden Gutes
- das Gebot gegen unbarmherzige Sinnlichkeit
- das Gebot gegen vorsätzliche Lüge
- das Gebot gegen Versündigungen infolge von Weingenuß

---

[1] Nach der Übersetzung von Faust-Ôhasama.

- das Gebot gegen Gerede über fremde Fehler
- das Gebot gegen Eigenlob und Schmähung der Anderen
- das Gebot gegen Habsucht, die da Verderben und Schande bringt
- das Gebot gegen unversöhnlichen Zorn
- das Gebot gegen Verspottung und Schändung des dreifachen Schatzes (d. h. Buddhas, der heiligen Lehre und der heiligen Lehrer)

6. Urwort[1] zur Erweckung eines gläubigen Herzens (Dreimal) On bôjishitta bodahadayami.

7. Urwort des Sammaya-Gebotes (Dreimal) On sammaya satoban.

8. Lobpreisung: Wenn man nach der Weisheit des Buddha strebt, muß man ein vollkommen gläubiges Herze besitzen; gleich mit diesem Leibe, den die Eltern gezeugt, gelangen wir zur Erfüllung des großen Erwachens.

9. Urwort des Gloria (Kômyô) (Einundzwanzigmal) On abokya beiroshanô makabodara manihandoma jimbara habaritaya un.

10. Urwort-Anrufung der 13 Buddhas (Je siebenmal)

a) Fudô: Nômakusammanda bazaradan senda makaroshada sowataya untarata kamman.

---

[1]	Ich gebe hier „Shingon" mit Urwort wieder, d. h. Wort, welches das eigentliche Wesen einer Sache ausdrückt.

b) Shaka: Nômakusammanda bodanan baku.

c) Monju: On arawashanô.

d) Fugen: On sammaya satoban.

e) Jizô: On kakaka bisammaei sowaka.

f) Miroku: On baitareiya a sowaka.

g) Yakushi: On korokoro sendari matôgi sowaka.

h) Kwannon: On arorikya sowaka.

i) Seishi: On zanzansaku sowaka.

k) Amida: On amirita teizeikara un.

l) Ashuku: On akishubiya un.

m) Dainichi der Kongôkai und der Taizôkai: On abira unken bazara dadoban.

n) Kokûzô: Nôbô akyasha kya rabaya on arikya maribori sowaka.

11. Anrufung des Daishi (21 mal): Namu Daishi Henjô Kongô.

12. Dharani-Gebet des großen Kongôrades (Siebenmal?): Nômaku shitchiriya jibikyanan tatagyata nan an birajibiraji makashakyara bajiri satasata saratei-saratei taraitarai bidamani sambanjani taramachi shitta giriya taran sowaka.

13. Gebet (Einmal): Alle schweren Sünden, die fünf Todsünden seien vernichtet! Ich und andere gleichermaßen mögen in diesem Leibe die Buddhaschaft erlangen.

14. Lied des betreffenden Tempels (In dem hier zitierten Führer als selbstverständlich nicht besonders angeführt).

15. Fürbitte (jap. „ekô"): Wir beten, daß dieser Segen allen Wesen zuteilwerden möge. Wir wollen mit allem Volke zusammen den Weg des Buddha erreichen.

IV. Das Schriftopfer (jap. „nôkyo").

In der Regel verrichtet der Pilger seine Andacht sowohl an der Hauphalle als auch an der dem Daishi gewidmeten Halle. Nachdem er damit fertig ist, schaut er sich um, ob er irgendwo ein Schild mit der Inschrift „nôkyôsho" findet. „nô" bedeutet einzahlen, abliefern, abgeben; „kyô" sind die heiligen Schriften, die Sutren; „sho" heißt Platz, Ort. Also ist „nôkyôsho" der Ort, wo man die Sutren stiftet oder abgibt. Ich habe versucht, „nôkyô" mit Schriftopfer zu übersetzen, obwohl heute den allerwenigsten Pilgern diese Bedeutung noch klar sein dürfte. In früheren Zeiten, als die Bücher noch mit der Hand geschrieben wurden und dementsprechend seltener waren, pflegte man auf der Wallfahrt bei jedem Tempel als Beitrag zu dessen Bibliothek ein Stück von einer Sutre zu stiften. Später, als die Tempel mit Schriften schon wohlversehen waren, ging man dazu über, das Sutrenopfer durch ein Geldgeschenk abzulösen, welches von Fall zu Fall festgesetzt oder in seiner Höhe dem Belieben des Pilgers anheimgestellt wurde. Dies führte jedoch verschiedentlich zu Streitigkeiten,

so erlebte Shikokuzaru im Jahre 1901, wie oben erwähnt, einen großen Streit, als er an den Tsudera in
Tosa kam, zwischen ungefähr zweihundert Pilgern
und drei oder vier Priestern, welche jene zu überfordern versucht und auf die Bitte um Ermäßigung in
recht unheiliger Weise mit Beschimpfungen der Pilger
geantwortet hatten. Heute ist die Gebühr für das
Schriftopfer in allen Tempeln auf fünf Sen festgesetzt,
was bei einer Durchschnittszahl von 30 bis 40000 Pilgern im Jahr immerhin einer Einnahme von 3—4000
Mk. gleichkommt, die jedem der 88 Tempel aus dem
Wallfahrtsverkehr erwächst, von anderen Einkünften
aus Stiftungen, Beerdigungen, Verkauf von Zaubersegen, Weihrauch usw. ganz abgesehen. Wie ich oben
schon bemerkte, wurde mir bei dem Tsudera in Tosa
außer der Gebühr für das Schriftopfer noch ein weiterer Betrag von 10 Sen für einen Ziegel zum Glockenturm abverlangt. Obgleich ich an mehreren Tempeln
vorbeikam, an welchen gerade einzelne Gebäude neu
errichtet wurden und große Gerüste mit kleinen, die
Namen frommer Stifter tragenden Holzbrettchen das
Sammeln von Geldern anzeigten, bin ich nirgends
sonst zu einer besonderen Stiftung aufgefordert worden, ja neuere Führerbücher vermerken ausdrücklich,
daß die Tempel im Jahre 1924 übereingekommen sind,
von derart halb erzwungenen Stiftungen abzusehen.
Der Tsudera bildet also eine Ausnahme.

Gewöhnlich entrichtet man seine fünf Sen und
reicht dem Priester — oder meist ist es ein nicht allzu
gebildeter Schreiber — am Schalter ein Schriftopferbuch („nôkyôchô"). Dieses ist ein ungefähr 30 cm ho-

hes und 20 cm breites weißes Buch von etwa 60 nach japanischer Weise zusammengehefteten einfachen weißen oder gelblichen Bogen. Der Schreiber nimmt das Buch, hebt es zunächst ehrfurchtsvoll bis zur Stirnhöhe, legt es dann vor sich auf den niederen Tisch, und nachdem er seine Tusche angerieben, malt er in schwungvollen Zügen:

1. Zeile oben: Kyô wo osametatematsuru

(Eine Sutre ehrfurchtsvoll gestiftet)

2. Zeile (in großer Schrift): Honson Yakushi Nyorai[1]

(der Hauptgottheit Yakushi Nyorai)

3. Zeile unten: Onsanji, bzw. den entsprechenden Namen des Tempels.

Statt des Wortes „Honson" (Hauptgottheit) schreiben manche auch ein der betreffenden Gottheit entsprechendes Sanskritzeichen, das sogenannte „shuji". Dann greift der Schreiber neben sich in den Stempelkasten und druckt der Reihe nach drei rote Stempel auf das Geschriebene: oben rechts einen schmalen länglichen mit der Nummer des Tempels[2], in die Mitte einen mit dem Siegel der Gottheit und unten links einen meist ziemlich großen rechteckigen mit dem Namen des Tempels. Hierauf nimmt er aus einer kleinen Schatulle ein kleines Blättchen, einen Miniaturholzschnitt der Hauptstatue, mit Nummer und Namen des

---

[1]   Bzw. Den entsprechenden Namen der Hauptgottheit des betr. Tempels.
[2]   Bei Tempel 60 statt dessen einen Rundstempel mit dem Zeichen „ishi" (Abkürzung f. Ishizuchiyama, s. S. 28).

Tempels versehen, schiebt das Blättchen unter die Seite, die er soeben beschrieben und reicht das Buch mit Würde und Anstand dem Pilger zurück, der unterdessen das weiße Gewand gerichtet hat und nun auch dieses mit den Stempeln versehen läßt.

Die Priester sind allgemein als Kalligraphen bekannt, aber es versteht sich, daß selbst die einfachen Schreiber durch die tausend- und abertausendfache Übung allmählich große Geschicklichkeit erlangen, so daß das Buch nach beendigter Wallfahrt eine äußerst interessante Sammlung von Schriftproben darstellt. An einem Tempel hat mir sogar ein kaum zehnjähriges Bürschlein den Eintrag mit einer Sicherheit gemacht, um die es mancher Erwachsene beneiden würde. Leider kommt es auch vor, daß gerade alle Schriftgelehrten abwesend sind, für diesen Fall gibt es einen großen rechteckigen schwarzen Stempel, der jedoch von den Pilgern wenig geschätzt wird. In berühmten Tempeln wie im Zentsûji, wo das ganze Jahr hindurch der Strom der Besucher nicht abebbt, werden der Zeitersparnis halber alle Leute mit solch einem Stempel abgefertigt. Übrigens ist die rote Stempelfarbe, die in den „nôkyôsho" gebraucht wird, in der Regel deutscher Herkunft.

V. Settai und Shugyô.

Als ich am 66. Tempel, dem 1200 m über dem Meere gelegenen Umpenji, dem Wolkenregionentempel, das Schriftopfer beendigt hatte und mich gerade zum Verlassen des Tempelhofes anschickte, kam eine Frau auf mich zu, die in einem kleinen Lädchen Tee und Kuchen, Strohsandalen, Papier und andere Kleinigkeiten für die Pilger zum Verkauf bereit hielt, und reichte mir eine Senmünze. Ich wollte diese zuerst nicht annehmen, da ich mich als Bahn und Auto fahrender Salonpilger der Gabe durchaus unwürdig hielt; trug ich doch nicht einmal das Pilgergewand. Aber den Kongôstab hatte ich in der Hand und die freundliche Frau hielt mir unverwandt das Geld hin und sagte: „Dôzo, o settai!"

So nahm ich es denn schließlich in Empfang und vergaß in meiner Unerfahrenheit — es war noch ziemlich am Anfang meiner Fahrt — sogar, wie es sich gebührt hätte, meinen Zettel bei der fröhlichen Geberin abzugeben. Auch als ich das erstemal in einem Tempel übernachtete, wies der Priester am nächsten Morgen jede Gabe meinerseits mit der Erklärung zurück, das sei „settai" gewesen. Was ist nun eigentlich dieses „settai", das ja auch die Pilgerregel erwähnt?

Der Ursprung des Wortes ist nicht ganz klar. Brinkley's Complete Dictionary und das Wörterbuch Genkai geben unter der Schreibung „setsu", berühren, sich mit jemand vereinigen, und „tai", aufwarten, warten, zwei Bedeutungen: 1. Empfang und Bewirtung von Gästen; 2. Unentgeltliche Verteilung von Speise und Trank. Wohl mit Rücksicht auf diese zweite Bedeutung gibt Genkai als Synonym, Brinkley als alternative Schreibung „seyo", d. h. „se", Almosen, und „yo", geben. Bukkyô Daijiten verweist bei „settai" auf die Rubrik „shôtai" („setsu", nehmen, helfen, „tai", aufwarten), das er folgendermaßen erklärt: „Shôtai, auch settai gelesen, auch ,moncha`, Tortee, genannt, eine Art und Weise, wallfahrenden oder reisenden Priestern Almosen zu geben. Man stellt am Wege oder vor dem Hause klares Wasser oder heißen Tee auf und läßt die vorbeikommenden Reisenden oder die ,shugyô` treibenden Priester davon trinken." Bedenkt man, daß „settai", wie es Brinkley hat, eine sehr allgemeine, durchaus nicht auf Mildtätigkeit beschränkte Bedeutung hat, während in Shikoku darunter eine ganz bestimmte Art von Mildtätigkeit verstanden wird, die weit über den in der Erklärung des Bukkyô Daijiten gegebenen Begriff hinausgeht, zieht man außerdem in Betracht, daß es noch bis vor 20 – 30 Jahren vielfach Leute gab, die nach der Wallfahrt ein kleines Büchlein über ihre Erfahrungen schrieben und unentgeltlich an ihre Bekannten verteilten, daß man derartige Büchlein „sehon" („se" Almosen, Geschenk, „hon" Buch) nannte, daß außerdem, wie wir sahen, „settai" manchmal durch die Zeichen „seyo" umschrieben wird, so fragt man sich, ob nicht „settai" ursprünglich „setai" („se" Almosen, „tai" aufwarten) bedeutet, wie es Shikokuzaru mehrfach schreibt. Die Verdoppelung eines hinter einem kurzen betonten Vokal stehenden einfachen Konsonanten steht nicht vereinzelt da; „e-dokko" ist wohl das bekannteste Beispiel dafür, aber gerade unter der Pilgerausrüstung finden wir ein Wort, das den Konsonanten nach „e" doppelt hat, nämlich „tekkô" statt „tekô". Die verwandte Bedeutung der Wörter „setai" und „settai" mag natürlich mit zu dem Wechsel beigetragen haben, von der lautlichen

142

Übereinstimmung zu der Angleichung der Schreibung ist dann nur ein kurzer Schritt.

Das „settai" in Shikoku ist nämlich nicht nur auf die Darreichung von Tee beschränkt, es gibt zwar Tempel, wo jeder Pilger mit Tee bewirtet wird, ja in Awa zwischen dem 21. und dem 22. Tempel in einer Gegend, wo viel Tee gebaut wird, kann man sich in jedem Hause des sich über eine halbe Wegstunde erstreckenden Dorfes Asabi nach Herzenslust an Tee laben, die Leute laden einen, wie ich es selbst erlebt habe, zum Rasten und Trinken ein. Aber dies ist doch nur ein kleiner Teil dessen, was dem Pilger unter „settai" geboten wird. Shikokuzaru machte sich die Mühe, einmal alles aufzuzeichnen, was er im Laufe eines Tages erhielt und bekam dadurch folgende Liste:

Rasieren	einmal
Toilettenpapier	ein Buch
Azukimeshi	eine Schüssel
(Reis mit roten Bohnen)	
Bargeld	fünf Rin
Toilettenpapier	ein Buch
Weiße Reiskuchen	drei Stück
Reishirsekuchen	zwei Stück
Azukimeshi	eine Schüssel
Bargeld	fünf Sen
Süßkartoffeln	eine Schüssel
Geschälter Reis	ein Gô (0,18 l)
do.	do.
do.	do.

Am nächsten Tage trug ihm jemand sein Gepäck
ein Stück weit als „settai", während er in Tokushima,
wo gerade des Daishi Todestag war, so viel Papier erhielt, daß er einen Teil davon an Schulkinder weiter-
verschenkte, „wobei denn mancher Bogen wieder an
seinen Ursprungsort zurückgekehrt sein mag".

Die Hauptzeit, in der dieses „settai" gespendet
wird, ist das Frühjahr. Später haben die Bauern zu viel
zu tun, auch werden dann die Pilger seltener und es
lohnt sich nicht, für diese besondere Vorbereitungen
zu treffen. Im Frühjahr jedoch herrscht besonders in
der Nähe der Tempel ein reges Leben und Treiben.

Mehr als einmal schreibt Shikokuzaru, daß er nicht alles essen konnte, was ihm angeboten wurde. Auf den Veranden der Bauernhäuser sieht man Pilgerinnen mit aufgelöstem Haar in der Sonne sitzen, während hinter ihnen ein Mädchen oder eine Frau kniet, um ihnen das Haar zu salben und zu binden. Auf der anderen Seite ist eine provisorische Barbierstube eingerichtet, wo den Männern die Haare geschnitten und der Bart geschabt werden. In einzelnen Dörfern wird das „settai" sogar als eine Gemeindeangelegenheit behandelt; jedes Jahr werden einige Familien vom Gemeinderat bestimmt, welche die Leistungen an die Pilger zu übernehmen haben. In Awa gibt es tatsächlich heute noch Rikshaleute, die alte oder schwache Pilger als „settai" ein Stück weit fahren. Eine in der ganzen Welt einzig dastehende Art des „settai" verspricht einer der neueren Führer jedem, der es will, ungefähr hundert Meter hinter dem 74. Tempel, wo ein Arzt jeden Shikokupilger unentgeltlich untersucht und ihm als „settai" gratis Moxa setzt. Selbst von Orten, welche 10—15 km von der Pilgerstraße entfernt liegen, kommen Leute mit ihren Gaben zu den Tempeln, ja sogar von den der Insel Shikoku gegenüber liegenden Enden von Kyûshû (aus Oita und Hyûga) und der Halbinsel Kii kommen jedes Jahr Boote mit Gaben, „settaibune" genannt.

Diese schöne Sitte entspringt natürlich aus demselben Geiste, den das Christuswort lehrt: „Was ihr getan habt einem unter diesen geringsten meiner Brüder, das habt ihr mir getan." Wer den Pilger speist, speist ja auch den Daishi, der mit ihm die Wallfahrt macht; in einigen Gegenden bringt einem daher die Frau des Hauses zwei Tellerchen mit Reis, einen für uns und einen für unseren unsichtbaren Begleiter. Auch gibt es Leute an der Pilgerstraße, die im Frühjahr ihr bestes Zimmer auskehren und dort für die Pilger ein Lager richten. Ein solches Quartier wird besonders geschätzt, da es der gewöhnlichen Herberge bei weitem vorzuziehen ist. Man nennt es „zenkon yado" („zen" gut, tugendhaft, „kon" Wurzel, Wesen, „yado" Unterkunft, Herberge), da diese Beherbergung als eine besonders gute und verdienstvolle Tat gilt. Auch der Führer aus der Periode Jôkyô gebraucht schon Ausdrücke wie „Kubokawa: Kono machi Shimamoto Shichibei yado wo kashi zenkon nasu hito ari" (Kubokawa: in diesem Dorfe ist Shimamoto Shichibei ein Mann, der Herberge gewährt und [so] die Tugend ausübt). Das Wort „settai" habe ich in den alten Büchern nicht finden können; statt dessen schreibt der Verfasser von Shikokudô Henrei Shi-nan z. B. „kono machi wa henro wo awaremu hito ôshi" (In diesem Orte gibt es viele Leute, die mit den Pilgern Mitleid haben)[1].

Von dem „settai" gut zu unterscheiden ist das „shugyô" („shu" üben, „gyô" Wandel). Während jenes Gaben und andere Leistungen darstellt, welche die an der Pilgerstraße wohnenden Leute aus freien Stücken vor allem im Frühjahr darbringen, ist das „shugyô", wie wir schon in der Pilgerregel sahen, eine Art reli-

---

[1] Auch heute noch wird das Wort „nasake", Mitleid, im Sinne von Almosen gebraucht, wie ja auch unser Almosen auf das griechische „eleemosyne", Mitleid, zurückgeht.

giöser Übung, durch die der Pilger zur Demut, zu Geduld und Sanftmut, zum Vertrauen auf die Güte des Nebenmenschen erzogen werden soll[1]. Ist es schon beschämend genug, von fremden Leuten, denen wir keinerlei Dienst erwiesen haben, zu denen wir keine anderen Beziehungen haben als die der zufälligen Begegnung, Gaben in Empfang nehmen zu müssen — eine Ablehnung wäre Sünde —, so ist es erst recht erniedrigend, vor die Türe von Leuten zu treten, die wir nicht nur nicht kennen sondern noch nicht einmal von Angesicht zu Angesicht sehen, und, den Rosenkranz zwischen den gefalteten Händen, unsere Gebete herzusagen, um in den Anderen das Bodaishin, das gläubige Herze, zu erwecken und ihnen Gelegenheit zu geben, ihre Mildtätigkeit zu bezeugen; denn der Wert der Übung liegt neben der erzieherischen Wirkung in uns auch darin, daß die zu Hause gebliebenen Nebenmenschen zur Barmherzigkeit angehalten werden und durch die Unterstützung des Pilgers die Möglichkeit erlangen, auch an dem Segen der Wallfahrt teilzunehmen.

Nicht immer „tut sich die milde Hand auf"; oft genug bleibt sie verschlossen wie die Türe des Hauses, vor das man getreten ist, und statt dessen schallt von drinnen die knappe und wenig höfliche Aufforderung „o tôri!" (Weiter!) heraus. Wird man fünf- oder sechsmal hintereinander in dieser Weise abgewiesen, so gehört schon etwas Mut und Vertrauen dazu, um sich nicht irremachen zu lassen, sondern die 21 Häuser, die

---

[1] Diese Übung geht auf Gautama Buddha selbst zurück.

die Pilgerregel als die passendste Zahl für einen Tag angibt, auch alle zu absolvieren.

Aber, wie man sich vorstellen kann, hat das „shugyô", eine so gute Übung es auch ist, den großen Nachteil, daß es den Charakter der religiösen Übung allzu leicht verliert. Die Pilgerregel warnt mit Recht davor, es nur um des Empfangens willen zu betreiben, aber wenn ich es auch nicht um des Empfangens willen treibe, so tue ich es doch um den Anderen zum Schenken zu veranlassen, mit dem Erfolg, daß ich beschenkt werde. Die psychologische Grenzlinie zwischen Übung und — sagen wir es frei heraus — Bettel ist hier zu fein, als daß sie dem einfältigen Verstände deutlich bliebe. Die meisten Pilger bringen nur etwa die Hälfte der notwendigen Kosten mit, den Rest rechnen sie bestimmt durch „settai" und „shugyô" zusammenzubringen. Sie scheuen sich daher auch nicht, einmal einen Umweg über von der Pilgerstraße abgelegene, noch nicht abgegraste Dörfer zu machen, wenn die Gaben knapper werden. Dabei mag auch manchmal die Zahl von 21 Häusern überschritten werden. Viele werden das Gefühl der Beschämung nicht los; ich erinnere mich noch deutlich an den verlegenen Ausdruck zweier Pilger, die sich eines Morgens in der Herberge vor dem Frühstück mit dem Worten empfahlen: „Shugyô ni kakarimasu kara saki ni shitsurei itashimasu" (Da wir uns jetzt ans „shugyô" machen, empfehlen wir uns zuerst). Ich wunderte mich, warum sie es so eilig hatten; erst später erfuhr ich, daß man in Tosa ans „shugyô" gehen muß, solange die Leute noch ihr „nemaki", den Schlafrock, anhaben.

Anderen geht es jedoch wie in dem Sprichwort: „Der Appetit kommt beim Essen." Über der Freude an dem Erfolg ihrer Übung verlieren sie bald die anfängliche Schüchternheit; ihr ohnehin nicht besonders feines Gefühl stumpft die Gewohnheit mehr und mehr ab, so daß ihnen auch Zurückweisungen nicht mehr wehe tun; statt dessen bilden sie, was eine religiöse Übung sein sollte, zu einer raffinierten Kunst aus, bei der auch die nötigen Requisiten nicht fehlen: statt des einfachen Zedernstabes ein hoher Stecken, oben mit Ringen versehen, die bei jedem Schritte zusammenschlagen; ein möglichst tiefer Hut, eine laute Schelle, einen übermäßig großen Rosenkranz und womöglich eine gewaltige Tritonmuschel mit roten Troddeln; dazu eine Gewandtheit im Herunterleiern von Litaneien — doch so, daß man kein Wort versteht —, eine Beherrschung der verschiedensten Stimmregister im Absingen der Hymnen und vor allem eine Unverfrorenheit, die alles in Schatten stellen. Sie gehen ihrer Lebetage nicht mehr von der Shikokustraße; die Wallfahrt ist ihr Beruf. Sie sind die Jôshûsha (Gewohnheitler), vor denen die Pilgerregel warnt; ihnen ist es vor allem zuzuschreiben, wenn in Shikoku „shugyô" zum Synonym für Betteln geworden ist.

Gleich am ersten Tage meiner Reise kam ein Vertreter dieser Gattung auf mich zu und redete mich mit den Worten an: „O tsuresama, jun desu ka? gyaku desu ka?" (Herr Kamerad, gehen Sie in gerader oder in umgekehrter Richtung?) Nachdem er so den Anknüpfungspunkt gefunden, erklärte er mir, daß sein Begleiter krank geworden sei und daß sie Geld zur Rückreise nach Kyôto brauchten; ob ich ihm nicht zwei Yen geben könne. Er hatte Glück, daß er mit einem Menschen zusammentraf, der noch nicht viel Erfahrung hatte und seine Wallfahrt gut beginnen wollte. Später lernte ich den Gewohnheitler in der Herberge kennen; es war in dem Dorfe Ikuino zwischen dem 19. und dem 20. Tempel in Awa. Man hatte mich in dem Städtchen Tachie und in dem Tempel des gleichen Namens so sehr begafft und angestaunt, daß ich, obwohl es schon ziemlich spät am Nachmittag war, eine gerade sich bietende Fahrgelegenheit benutzte und ein Stück weit in das Gebirge fuhr bis ungefähr eineinhalb Wegstunden vor den nächsten Tempel, den Kakurinji. Unterdessen war die Nacht hereingebrochen. Ich hatte mich nach einem Gasthaus erkundigt und zwei oder drei Namen gehört. Aber als ich schließlich das Dorf Ikuino erreichte, hieß es überall: „Man-in" (Alles voll). Jeder schickte mich weiter, bis ich schließlich am Ende des Dorfes eine der Pilgerherbergen fand, die man mir auch genannt hatte. Ein Mann stand schon im Eingang und bat gerade um Unterkunft, man schien jedoch nicht allzu gewillt ihn aufzunehmen, als ich hinzutrat, meine Bitte und auch die Tatsache vorbrachte, daß man mich an dieses Haus verwiesen hatte. Das half; man forderte uns beide auf, einzutreten und zwar in das gleich neben dem Eingang liegende Zimmer. Dort war in der Mitte ein grünes Moskitonetz aufgespannt, unter welchem ein etwas feister, splitternackter, ungefähr vierzigjähriger Mann lag und sich mit einem großen Küchenfächer Luft zufächelte. Kaum verschwand die Wirtin nach der Küche zu, so fing der Mann zu brummen an: „Vorhin hat sie zwei abgewiesen, die waren ihr nicht gut genug; aber jetzt, wo's was zu verdienen gibt, hat sie auf einmal Platz..." Der Japaner, der mit mir zusammen aufgenommen worden war, saß schweigend am Hibachi und rauchte eine Zigarette. Ich war zunächst etwas niedergedrückt durch die Aussicht, mit dem unfreundlichen, wenig einladenden Gaste unter demselben kleinen Moskitonetze schlafen zu müssen; aber als die alte Frau noch immer nicht mit dem Abendessen erschien und mir die Moskito mehr und mehr zusetzten, faßte ich mir Mut und schlüpfte zu ihm unter das Netz. Nun wurde er erst recht ungnädig: „Sie haben nicht aufgepaßt, sondern das Netz zu hoch gehoben, jetzt sind sicher welche hereingekommen, da werden wir heute Nacht wieder nicht schlafen können." Damit zog er unter dem Kopfkissen Kerze und Feuerzeug heraus, machte Licht und leuchtete alle Ecken und Winkel des Netzes ab, immer vor sich hin murmelnd, ohne aber etwas zu finden. Er beruhigte sich wieder, legte sich hin und nahm seine vorige Arbeit des Windmachens wieder auf. Aber es wurmte ihn immer noch, daß wir zwei späte Eindringlinge gekommen waren, und jedesmal wenn er vom Wedeln müde ein wenig pausierte, setzte es irgend eine Bemerkung für uns ab: ja, wer Geld habe, der werde überall willkommen geheißen, aber arme einfache Leute weise man zurück; wie denn fünf Leute unter diesem kleinen Netze schlafen sollten; oben sei doch noch eine Stube; wenn die Wirtin hier kein Netz mehr habe, solle sie keine weiteren Gäste aufnehmen oder wo anders noch eines borgen; überhaupt sei das noch eine schöne Herberge; da sei er in ganz anderen gewesen; beim fünften Tempel, beim Jizôji, da habe er

es gut gehabt, da habe es alles gegeben, sogar „bîru"
und „saidâ" (Bier und Cider, d. h. Brauselimonade),
und zu essen, was man nur hätte haben wollen usw.
usw. ...

Das Essen kam noch nicht; das Zuhören war mir
peinlich. Um ihn auf ein anderes Thema zu bringen,
fragte ich ihn, ob er denn die Wallfahrt schon öfter
gemacht habe, weil er so viel von seinen Erfahrungen
spreche. Er antwortete, daß er schon 22 Jahre auf der
Wallfahrt sei; er habe gelobt, 37 Jahre um die Tempel
herumzuziehen. − Ob er allein sei ? − Nein, seine
Frau und Kind seien noch draußen vor dem Hause.
(Deshalb hatte er also vorhin von fünf Personen gesprochen.) − Wie alt denn sein Kind sei ? − O, erst
sieben; Frau und Kind habe er erst auf Shikoku bekommen („kodomo mo kanai mo Shikoku de deki-
mashita"). Diese letzte Tatsache allein hätte genügt,
um zu zeigen, daß der Mann es mit der Pilgerregel
nicht sehr genau genommen hatte. Während er mir
von Frau und Kind erzählte, hatte er ihnen schon verschiedentlich gerufen, sie sollten hereinkommen und
sich schlafen legen, sonst könnten sie am nächsten Tag
nicht früh aufstehen. Die beiden kamen nun herein,
und die Frau, die ihres Mannes Wünsche und Forde-
rungen schon kannte, schob sich, glatt auf dem Boden
liegend, unter das Netz, aber der Sohn hatte noch
nicht derartige Fortschritte in der Akrobatik gemacht,
daß er sich wie ein Reptil in ganz flachem Zustande
vorwärtsbewegen konnte; ein Teil seines Körpers ragte
noch ziemlich in die Höhe, als er sich anschickte, unter
das Netz zu schlüpfen. Der Vater knurrte fort-

während: „Hôte kure, hôte kure!¹ O shiri ga takai. Hôte kure! Mata takai desu." (Kriechen! Kriechen! Dein werter P... ist zu hoch. Kriechen! Er ist noch immer zu hoch.) Und indem der nackte Vater auf dem Futon sitzend aus Leibeskräften den großen Fächer schwang, um durch die Zugluft alle Blutsauger fernzuhalten, schlüpfte der Sohn, so hoch oder so niedrig es eben ging, zu uns herein. Die Komik der Szene und der Fächer des Alten hatten jede Mißstimmung bei mir weggeblasen, ich war nun vollkommen mit dem Gedanken ausgesöhnt, neben der Pilgerfamilie übernachten zu müssen. Aber es kam besser. Eine frisch dem Bade entstiegene verjüngte Ausgabe der alten Wirtin erschien und forderte mich und den mit mir gekommenen Gast, der sich später als Viehhändler entpuppte, auf, in den zweiten Stock zu kommen, wo sie uns das einfache Abendessen auftrug und nachher unter einem besonderen Netze unsere Lager richtete.

Am nächsten Morgen hörten wir, als wir aufwachten, bereits im unteren Zimmer lange Litaneien beten, ab und zu unterbrochen durch ein Klingelzeichen. Die Waschgelegenheit war in dem Bache unterhalb des Hauses. Als ich vom Waschen herauf kam, schickten sich die Drei gerade zum Gehen. Ich fragte, in welcher Richtung sie zögen, ob zum 19. oder zum 20. „Zu keinem von beiden. Wir gehen jetzt erst ein anderes Flußtal hinauf, um ‚shugyô' zu treiben." Es versteht sich, daß der Gewohnheitler erst dann in seinem Element ist, wenn er in der Frühjahrszeit andere Pilger betreu-

---

¹ „hôte", dialektisch statt „hatte".

en kann. Gehört er zu dem harmloseren Typus, der den Grundsatz „leben und leben lassen!" vertritt, so weiht er die Anfänger in die Kunst des „shugyô" ein, lehrt sie die ursprüngliche Scheu, vor fremden Türen zu stehen, überwinden und führt sie wie ein guter Hirte auf fette Weideplätze. Er lehrt sie, daß die alten Leute nicht immer am meisten geben, auch die jungen verheirateten Frauen nicht, daß dagegen Mädchen von 11—12 Jahren die mildtätigste Hand haben. Er lehrt ihn auch, freimütig beim Empfang das Haupt zu neigen und ein „katajikenaku" (ergebenst) zu stammeln, wie es sich für den Pilger geziemt. Jede Gegend ist bei ihm registriert und klassifiziert: wo Shingon und Zen vorherrschen, bekommt man etwas; Ikkôshû (= Shinshû) und Hokkeshû „dame desu" (sind aussichtslos). Was die einzelnen Provinzen als Ganzes anlangt, so sind Ost-Iyo und Sanuki nicht so gut; der Pilger erhält zwar fast immer etwas, aber meistens Gerste[1]. Erst in Awa vom elften Tempel an wird es besser; denn jetzt gibt es mehr Reis. In Tosa gibt es sicher Reis, da ja dort stellenweise zwei Reisernten im Jahre sind; so wird besonders in der Gegend von Takaoka nie ein Pilger enttäuscht. Aber, wie wir schon früher bemerkten, gilt es in dieser Provinz früh aufstehen, sonst wird man abgewiesen. Alle diese Kenntnisse vermittelt der Gewohnheitler dem Neuling.

---

1 Früher erhielten die Pilger allgemein nur Gerste, während die Marionettenspieler von Awa und die meist aus der gleichen Provinz stammenden Affentreiber für ihre Künste mit Reis entlohnt wurden.

Aber manchmal geht er auch weiter und nutzt die Unwissenheit des Anfängers zu dessen großem Schaden aus. Betrügereien wie denen, wovor die Pilgerregel warnt, scheinen leider alljährlich Dutzende zum Opfer zu fallen. Gerade das einfältig fromme Gemüt ist leicht zu hintergehen; Tartuffes hat es zu allen Zeiten und in allen Ländern gegeben, und die Tatsache, daß sie auch auf den Shikokustraßen nicht fehlen, vermag nichts daran zu ändern, daß jährlich Zehntausende mit großem leiblichem, geistigem und seelischem Gewinn von der Wallfahrt zurückkehren. Ebensowenig kann geleugnet werden, daß die Sitte des „settai" und des „shugyô" auf den Volkscharakter der Leute von Shikoku von weitreichendem Einfluß gewesen ist und noch ist, und nur mit Bedauern erkennt man das erste Zeichen einer sich wandelnden Zeit in dem Schilde, das ich in Awa zwischen dem 20. und dem 21. Tempel an der Fähre über den Nakagawa fand und das folgendermaßen lautete: „Bitten um Gaben, Betteln, Subskriptionen für Tempel und dergl. höflichst verbeten, da wir für Straßenbau 120000 Yen aufbringen müssen."

VI. Fußreise.

Wer den vollen Nutzen der Wallfahrt haben will, muß natürlich die ganze Reise zu Fuß machen. Einzig an Stellen, wo Flüsse nicht zu Fuße überquert werden können wie beim Yoshinogawa und beim Nakagawa in der Provinz Awa, sowie beim Eingang zu der Bucht

von Urato und in der Bucht von Inoshiri in Tosa und
später am Shimantogawa ist die Fähre erlaubt; dazu
noch auf einer Strecke von 2–3 japanischen Meilen
(8–12 km) zwischen dem 36. und dem 37. Tempel, wo
der Landweg in früheren Zeiten als äußerst beschwerlich und gefährlich galt. Wer nicht gehen kann, hum-
pelt, so gut er es vermag, auf seinen Krücken, und
wem selbst das nicht mehr möglich ist, der läßt sich
von einem Angehörigen im Krüppelwagen herumziehen[1]. Leprakranke habe ich nur wenige gesehen, und
diese hauptsächlich am Ishite bei Matsuyama und an
einigen bekannten Tempeln in Sanuki. Shikokuzaru
nahm, so erklärt er, vor 25 Jahren einen Sack mit 1000
Monmünzen mit, von denen er jedem Leprakranken,
den er traf, eine schenkte; da er am Schluß nur noch
134 Münzen übrig hatte, muß er 866 Kranken begegnet
sein.

Man schätzt, daß ungefähr sieben Zehntel aller
Pilger vorschriftsgemäß die lange Reise zu Fuße zurücklegen. Leute, welche gut wandern, können die
1200 km lange Strecke in fünf Wochen bewältigen.
Gewöhnlich rechnet man jedoch mit 40–60 Tagen.
Kommen Regentage dazwischen oder führt einen das
„shugyô" auf Umwege, so werden es leicht noch
mehr, zumal wenn es sich um Frauen handelt. Die o-
benerwähnte Frau, welche eine 77 jährige Greisin herumführte, die darauf bestand, selbst die schon vom

---

[1]   Aibara erzählte in seinem am 27. März 1928 in Tôkyô im Ra-
      dio gehaltenen Vortrag, daß es Krüppel gibt, die sich um ihre
      Beinstumpen herum Strohsandalen binden, wie sie die Kühe
      an den Klauen tragen, und so wallfahren.

Daishi erlaubte Strecke zwischen dem 36. und dem 37. Tempel zu Fuße zurückzulegen, brauchte sogar 100 Tage. Die Kosten für einen Reisetag wurden früher auf den Gegenwert von einem Shô (1,8 l) ungeschälten Reis geschätzt. Heute sind die Zeiten teurer geworden und der Führer gibt an, daß man nach der Ankunft in Shikoku mit ungefähr einem Yen für den Tag rechnen müsse. Dem europäischen Leser mag das niedrig erscheinen, aber man bedenke, was es für die meisten einfachen Leute bedeutet, zu dem, daß sie für ein bis zwei Monate ihren Erwerb aufgeben müssen, noch 30—60 Yen aufzubringen; denn soviel pflegt ja der Pilger selbst mit auf die Reise zu nehmen. Trotzdem habe ich den roten, also eine mehr als siebenfache Wallfahrt anzeigenden Zettel auch im Sommer ziemlich oft gefunden. Eine neuere Statistik über mehrfache Wallfahrten konnte ich zwar nicht ausfindig machen, aber Shikokuzaru macht nach einem Buche aus dem Jahre 1900 „Shikoku Reijô Jumpaijin Bantsuke" (Reihenfolge der Pilger zu den Heiligen Stätten von Shikoku) folgende Angaben:

über	7,	unter	20	Wallfahrten	402	Leute
„	20	„	30	„	72	„
„	30	„	50	„	40	„
„	50	„	100	„	16	„
„	100			„	14	„

darunter die drei höchsten Leistungen 199, 170 und 168 Wallfahrten. Kanikumo will jedoch einen Wegweiser gesehen haben, der zum Gedenken an einen gewissen Nakatsukasa Mobei aus dem Dorfe Mukuno, Bezirk Ôshima, Provinz Suô, errichtet ist, welcher die Wallfahrt 254mal gemacht hat.

Unter denen, die mehr als hundertmal um Shikoku gezogen sind und die von Shikokuzaru mit Namen angeführt werden, sind auch zwei Frauen, desgleichen unter den mehr als fünfzigfachen Wallfahrern. Da diese Statistik sicher nicht sehr weit zurückreicht und seither schon wieder 28 Jahre vergangen sind, kann man sich unschwer vorstellen, daß die wirklichen Zahlen weit höher sein müßten; die oben genannte 85jährige Frau Arai hat z. B. die Wallfahrt schon 55 mal gemacht; ein anderer Fall, der mir bekannt geworden ist, ist der eines Mannes, der bei dem großen Erdbeben vom Jahre 1923 seine Angehörigen verlor und seither für deren Seelenheil ununterbrochen die 88 Tempel besucht. Wie solche Serienpilger über die Wallfahrt denken und wie ihnen diese kein reines Vergnügen ist, kann man aus der Antwort sehen, die Frau Arai Herrn Tomita gab, als er sie über ihre Eindrücke befragte: „O Shikoku mo nisando gurai kekkô desu, amari wakarisugite wa..." (Auch die Shikoku-Wallfahrt ist zwei- oder dreimal ganz schön, aber wenn man sie zu gut kennt...). Und dann schwieg sie.

Der goldene Pilgerzettel, den ich besitze, stammt von einem wohlhabenden Kaufmann aus Osaka, der wie der oben angeführte Haiku-Dichter aus Tôkyô jedes Jahr einmal auf die Fahrt geht. Es wäre also falsch anzunehmen, daß alle, die die Wallfahrt wiederholt machen, zu den Gewohnheitlern gehören.

Wem es die Umstände nicht erlauben, die ganze Reise zu Fuße zurückzulegen, der findet heute überall Fahrgelegenheit. In Iyo und Sanuki kann er wiederholt die Bahn benutzen; in Awa liegen die Tempel ja nahe beieinander, aber auch dort kann er an zwei Stellen in den Zug steigen, während er weiterhin nach Tosa, wo die Tempel weiter voneinander entfernt sind, Kraftwagen vorfindet. Tosa ist das an Eisenbahnen ärmste unter den vier Ländern der Insel, dafür hat es aber die besten Autostraßen und ein dementsprechend dichtes Netz von Autolinien. Im Süden von Tosa kann man außerdem auch statt des Landwegs den Seeweg wählen, allerdings auf schwanken Schiffen, wo schon die Einbootung häufig der Aufregungen nicht entbehrt. Im ganzen ist es auf diese Weise möglich, etwa zwei Drittel der Wegstrecke unter Zuhilfenahme von allerhand Fahrzeugen, von der alten holperigen Basha (Pferdewagen) bis zum eleganten Buick, von der alten ausgetretenen Flußfähre bis zum nicht minder alten, aber doch etwas geräumigeren Küstendampfer zurückzulegen. Wer daher seine Pläne gut ausarbeitet, so daß er stets den Anschluß erhascht, der kann in etwa drei Wochen alle Tempel besuchen. Ich selbst habe acht in der Umgebung von Matsuyama liegende Tempel in zwei Tagen vor und nach meiner eigentlichen Reise besucht; die übrigen in der Zeit zwischen dem 12. 7. und dem 5. 8. 1927, wobei ich zwischen hinein einmal auf vier Tage nach Matsuyama zurückkehrte. Hätte ich diese Reise in einem Stücke gemacht, so hätte ich sie in 23 oder 24 Tagen beendigen können. Auch unter Benutzung von Fahrgelegenheiten ist die Fahrt, zumal im Sommer, noch anstrengend genug, da, wie man sich leicht denken kann, gerade die beschwerlichen Teile der Reise doch zu Fuße bewältigt werden müssen. Auch sucht der Großstädter aus Osaka oder aus Kyôto vergeblich nach den schönen Fahrstraßen, wie sie auf den Kôyasan oder den Hieizan hinaufführen, sowie nach den Leuten, die ihn von hinten den steilen Berg hinaufschieben, wie er es von den genannten Tempelbergen gewohnt ist. Wenn man bedenkt, wie rauh und steinig auch heute noch die meisten der Gebirgspfade sind, so kann man sich einen Begriff davon machen, welche Mühen der Pilger erst in früheren Jahrhunderten, als das Land noch fast nicht erschlossen war, auf sich nehmen mußte.

VII. Die Holzgeldherberge.

Aber all dies ließe sich leichter ertragen, wenn man wenigstens sicher wäre, jeden Abend ein gutes Quartier zu finden, wo man sich von den Anstrengungen des Tages erholen könnte. Die Aufnahme in Privathäusern, das „zenkonyado", gehört zu den seltenen Glücksfällen. Etwas häufiger schon hat man Gelegenheit, in einem Tempel zu übernachten. Ungefähr ein Viertel, höchstens ein Drittel, der 88 Tempel sind zum Beherbergen von Pilgern eingerichtet; einige davon, so besonders die auf hohen Bergen liegenden wie der Umpenji, haben eine große Halle zum Übernachten,

„tsûyadô" genannt, deren Aufnahmefähigkeit in Zeiten großen Andrangs jedoch rasch erschöpft ist. Das Quartier, zu dem daher die meisten Pilger wohl oder übel allabendlich ihre Zuflucht nehmen müssen, bleibt die Holzgeldherberge, das „kichinyado", in der Studentensprache mit grimmigem Humor in vornehmer, halb chinesischer, halb europäischer Sprache auch Mokuchin Hoteru, „Hotel Holzgeld", genannt. Der Name kommt daher, daß in früheren Zeiten der Gast in einer solchen Herberge seinen Reis oder seine Gerste selbst mitbrachte und dem Wirt oder der Wirtin zum Kochen übergab; als Entgelt für das verbrauchte Brennholz mußte er eine bestimmte Summe zahlen und bekam dafür zu seinem Reis noch Tee und ein wenig Gemüse als Zuspeise; das Übernachten selbst war hingegen frei. Auch heute kann der Pilger den Reis oder die Gerste, die er tagsüber als „settai" oder durch „shugyô" erhalten hat, dem Wirt zum Kochen übergeben; gewöhnlich gibt man jedoch nur an, wieviel man gekocht haben will; für ein Gô (0,18 l) Reis ist ein Tarif festgesetzt, der je nach der Gegend und Jahreszeit zwischen 9½ und 12½ Sen schwankt; darnach wird dann die Zeche festgesetzt. Den Reis, den man nicht aufgegessen hat, packt man in das Eßkörbchen als Wegzehrung.

Es versteht sich, daß unter solchen Umständen von einem besonders luxuriösen Unterkommen keine Rede sein kann. Die Zutaten sind meist nur einige Scheibchen eingepökelten Rettichs oder Eierfrucht, Lilienzwiebeln oder Salzpflaumen; Gurkenscheiben mit etwas Zwiebel in Essig sind schon ein halber Leckerbissen, wenn es aber hoch kommt, so gibt man uns auch noch eine heiße Brühe mit ein paar Stückchen „fu", etwas Zwiebel und einigen Bohnen darin.[1] Die Futon sind, was man in Japan „sembei-futon" nennt, d. h. sie sind durch die Generationen von Schläfern, die schon darauf gelegen haben, dünn und hart geworden wie die japanischen Waffeln. Außerdem sind sie meistens so kurz, daß auch ein Japaner sich nicht ganz darauf ausstrecken kann. In kalten Märznächten gewähren die Futon weder von unten noch von oben her ausreichenden Schutz gegen die Kälte; dies wird dann dadurch wett gemacht, daß in dem engen Raume die Leute so dicht gedrängt aufeinanderliegen, daß sie sich gegenseitig Wärme spenden. Auch abgesehen davon, daß manche Pilger erst spät am Abend eintreffen, andere schon beim frühen Morgengrauen aufbrechen, nachdem sie noch vorher an dem Tokonoma unter Schellengeklingel, Rosenkranzreiben und Hersagen von Gebeten ihre Andacht verrichtet haben, ist die Nachtruhe nicht ungestört. Auch stimmt, was mir ein Schüler von einer Nacht in einer Holzgeldherberge schrieb: „Da kommt der Laus, der Floh und der Zeck und beißen an." Shikokuzaru nennt es das „settai" des „kichinyado". Besonders zur Zeit des großen Andrangs in den Frühlingsmonaten läßt es sich nicht vermeiden, daß man ab und zu etwas Ungeziefer fängt und man wird begreifen, daß gerade der reinlichkeits-

---

[1] „fu" ist eine Art Brot aus Weizenmehl, die als Suppeneinlage und auch sonst viel verwendet wird. Zubereitung siehe in meinen, „Japanischen Hausmitteln", Mitt. der D. Ges. f. Nat. u. Völkerk. Ostasiens, Bd. XXI E, S.56.

liebende Japaner es als eine Beleidigung seines Körpers empfinden muß, wochenlang in solch schmutzigen Herbergen nächtigen zu müssen, als eine Erniedrigung, die er um des Daishi willen auf sich nimmt. „Schließlich ist ja noch niemand an einer Laus gestorben", sagte mir einmal ein Pilger, ein Kaufmann aus Osaka, als wir über diesen Mißstand der Holzgeldherberge sprachen. In der Tat verleiht das Leben in der freien Natur und die seelische Einstellung der Pilger diesen eine Immunität gegenüber den zu erwartenden gesundheitlichen Schädigungen, eine Immunität, wie man sie ja auch bei den Frontkämpfern des Weltkrieges beobachtet hat.

Ich habe bei dem Abschnitt „shugyô" schon von einem Abend in einer Holzgeldherberge gesprochen; hier sei zur Ergänzung meine erste Nacht in einer solchen Herberge geschildert. Obwohl ich die Wallfahrt in dem pilgerarmen Sommer unternahm, wird der Leser doch einen Begriff bekommen, wie sich der Abend eines Pilgers abspielt.

Der Tag war sehr heiß und anstrengend gewesen. Ich war am Abend vorher in einem Gasthause in Kotohira eingekehrt, hatte am Morgen noch einmal Zentsûji besucht, um noch einige photographische Aufnahmen zu machen; war dann mit der Elektrischen zu dem 76. Tempel, dem Konzôji gefahren, der dem Marschall Nogi, als er noch Kommandeur des Regiments von Marugame war, als Wohnung gedient hatte und wo heute eine Kiefer „Nogi Taishô no Tsumagaeshimatsu", „die Kiefer, wo General Nogi seine Frau heimschickte", an die Episode erinnert, wie die

Frau des Obersten, die sich in der Hauptstadt nach ihrem Manne sehnte, diesen zu besuchen kam, aber, als es Abend wurde, von ihm mit den Worten: „Es ist schon spät, du kehrst jetzt besser zurück" heimgeschickt wurde. Im nächsten Tempel bei Tadotsu sprach mich die Frau eines Rechtsanwaltes in Shanghai an, welche drei Jahre in England gelebt hatte, im Jahre vorher auf die Shikoku-Wallfahrt gegangen und nun für den Sommer wieder hierher gekommen war; nach einem kurzen Stück Bahnfahrt hatte die Wanderung in der Mittagshitze vom 78. Tempel an den Salzfeldern von Sakaide vorbei und durch das langgestreckte Städtchen gleichen Namens zum 79. Tempel geführt, bei dem sich eine klare Quelle befindet, in welcher seinerzeit der Sarg des Kaisers Sutoku monatelang zur Kühlung stand, bis aus der Hauptstadt die Anweisungen zur Beisetzung eingetroffen waren; heute kühlte eine freundliche Frau, die eine kleine Zeltbude aufgeschlagen hatte, ihre Limonade und ihre Tokoroten-Kuchen in derselben Quelle. Von hier aus war ich wie die meisten Pilger zum 81. Tempel gegangen, der als ehemalige Grabstätte des Kaisers Sutoku auffallend gut gepflegt war; ein breiter Weg, zur besseren Überwindung der Steigung alle 50 oder 100 Meter von schönen Granitstufen unterbrochen, führte allmählich auf den Berg hinauf, wo unter prächtigen Kryptomerien und anderen alten Bäumen die Tempelgebäude zerstreut lagen. Es war schon ziemlich spät am Nachmittag, als ich die alte Glocke unter dem Glockenstuhle anschlug, auf dessen Dach ein Kiri-Baum wuchs, und nun dem Kamm des Gebirges entlang zum 82. Tempel, dem Negoroji, hin wanderte. Unterwegs kam ich an einer Hütte vorbei, die mitten im Walde gelegen im Frühjahr den Pilgern als Herberge diente, jetzt aber geschlossen war; doch hatten sich auf der offenen Veranda bereits zwei Pilger zur Ruhe gelegt. Es dämmerte schon, als ich endlich den Negoroji erreichte. Ehe man durch das Tor schritt, stand links an die Bergwand hingedrückt eine Holzgeldherberge, auf deren Veranda schon drei Pilger saßen, welche gerade ihre Sandalen ausgezogen hatten. Vor der Herberge war ein kleines Plateau, an dessen steil abfallendem Rande eine niedere Bank stand. Vor dieser waren die Bäume gelichtet, so daß man zu seinen Füßen die Inlandsee mit Takamatsu und der einfachen, einem japanischen Flachhaus ähnelnden Silhouette der Halbinsel Yashima (deutsch: Hausinsel) im Hintergrunde erblicken konnte. Ich fragte, ob man im Tempel übernachten könne. Nein, hieß es, der sei nicht darauf eingerichtet, auch sei das nächste Gasthaus mindestens eine Wegstunde weit und in der Dunkelheit schwer zu finden; ich täte am besten hier zu übernachten. Bisher hatte ich Glück gehabt, hatte zweimal in Tempeln, zweimal in Gasthäusern und einmal im Hause eines meiner Schüler übernachtet, jetzt sollte ich zum ersten Male die Holzgeldherberge kennen lernen.

Einer der schon anwesenden Pilger mit einem sehr feinen Gesicht und einer goldenen Brille, der auch in Sprache und Benehmen einen durchaus vornehmen Eindruck machte, fragte die in der Küche beschäftigte Wirtin, ob ich übernachten könne. Sie bejahte es und schickte sogar ein junges Mädchen heraus, das mir den Stock abnahm, seine Spitze wusch und ihn zu den anderen in die Nische stellte. In dieser war ein Buddhabild aufgehängt. Meine erste Verlegenheit kam, als man mir sagte, daß das Bad gerichtet sei. Bisher hatte ich überall den Badekimono bekommen; hier entdeckte ich, daß die Pilger ihren eigenen im Gepäck bei sich hatten. Ich ließ daher meine Kleider in der Stube und begab mich im Adamskostüm durch die dunkle Küche in das Bad, das ja, wie allgemein in Japan auch in dem geringsten Gasthause eine Selbstverständlichkeit ist. Hier war es ein in eine Felsnische eingelassener eiserner Kessel; im Vorraum ertastete ich eine Streichholzschachtel und ein kleines Wachsstümpfchen, das auf dem Stein klebte. Als ich Licht machte, sah ich, daß Decke und Wände vom Kerzenruß geschwärzt waren. Das Badewasser schien mir nicht mehr ganz frisch, aber es tat doch wohl, sich den Staub und Schweiß des heißen Tages abspülen zu können. Übrigens brachte mir das Mädchen nach dem Bade noch etwas frisches Wasser zum Übergießen. Als ich in die Stube zurückkehrte, war schon die Wirtin da um mich zu fragen, wieviel Reis sie kochen solle. Zweite Verlegenheit, aus der mir der Mann mit der Goldbrille half, indem er kurzerhand 5 Gô für mich bestellte. Woher hätte ich auch wissen sollen, wieviel Gô Reis ich zu verzehren imstande bin? Seither habe ich gelernt, daß für einen Europäer 2—3 Gô für die Abend- und Morgenmahlzeit durchaus genügen, während ich umgekehrt in Tosa Pilger traf, die sich bis zu einem Shô (1,8 l) kochen ließen, wobei dann allerdings der Tagesproviant mit eingeschlossen war.

Unterdessen kam ein neuer Pilger, ein junger, frisch aussehender Mann und ich entdeckte nun, was ich vorher alles versäumt hatte. Nachdem er höflich die Wirtin um Unterkunft gebeten hatte, wusch er seinen Stock und betrat dann die Stube, wo er zunächst seinen Stock zu den anderen stellte, wobei er, wenn ich mich recht erinnere, den Namen des Daishi mehrfach anrief. Dann packte er einen kleinen Buddhaschrein aus, den er auf seinem Bündel aufgeschnallt hatte[1], und verrichtete ungefähr zehn Minuten lang vor diesem seine Andacht, die er ab und zu durch Anschlagen seiner Glocke unterbrach. Erst nachdem er diese beendigt hatte, kam er nach der Seite, wo wir saßen und begrüßte uns in der höflichsten Weise, wobei er ungefähr folgendes sagte: „Es ist sehr schön, daß Sie die Wallfahrt machen[2]. Entschuldigen Sie, bitte, daß ich Sie hier störe, und gestatten Sie, daß ich für diese Nacht Ihr Gefährte werde!" Da der Neuangekommene erklärte, keinen Reis haben zu wollen, dauerte es nicht lange, bis man uns das Essen auftrug. Jeder Gast erhielt einen Kübel mit Reis und ein einfaches rotes Tablett, auf welchem eine Schüssel mit etwas heißer Brühe und „fu", sowie ein Tellerchen mit einigen Scheibchen Gurken stand. Der zuletzt Gekommene erhielt seinem Wunsche gemäß nur das Tablett so-

---

[1] Wahrscheinlich mit einem Daishi-Bildnis, um so die Wallfahrt zu zweien noch ausdrücklicher zu gestalten.

[2] „Yô o mairi de gozaimasu." Ein Gruß, den die Pilger gewöhnlich beim Vorbeigehen austauschen und den man auch etwas freier mit „Willkommen auf der Wallfahrt!" oder „Wallheil!" übersetzen könnte.

wie heißes Wasser, das er sich bestellt hatte. Ich fragte, wo die Reisschale sei. Erstaunte Gesichter der Anderen, die sich gerade an ihrem Gepäck zu schaffen machten: die müsse man doch selbst mitbringen. Der Mann mit der Goldbrille ruft sofort die Wirtin und bittet sie, mir doch eine Reisschale leihen zu wollen. Ich schöpfe mir Reis und suche die Eßstäbchen. Wiederum Erstaunen und die Frage, am wievielten Tempel ich meine Reise angefangen habe. Wieder legt sich mein Mentor ins Mittel, ehe ich selbst Zeit finde, die Wirtin zu bitten. Unterdessen haben die Anderen ihr eigenes Eßgerät ausgepackt und unter Schweigen, wiewohl nicht geräuschlos, geht die Mahlzeit von statten. Nur als der junge Mann, der vorhin erklärt hatte, keinen Reis zu brauchen, nun aus einem Säckchen drei Löffel voll eines hellgelben Pulvers nimmt und mit warmem Wasser anzurühren beginnt, können die Übrigen ihre Neugier nicht verwinden und fragen ihn, was er da esse. „Mugi no ko" (Gerstenmehl[1]); das sei sein „shingwan" (eigentlich Herzenswunsch, hier das zur Erfüllung dieses Wunsches getane Gelübde). Noch im Vorjahre war dieser Mann schwer magenleidend gewesen; auf der Wallfahrt hatte er Heilung gefunden, sie gleich zum Danke noch einmal gemacht und war

---

[1] Wahrscheinlich war das Mehl angeröstet, sogenanntes „hattaiko", daher auch die gelbe Farbe; dagegen wird das Buchweizenmehl von den Eremiten („sennin") heute noch einfach in kaltem Wasser angerührt roh genossen. In dem Roman „Shukumei" von Okino Iwasaburô wird ein von einem Pilger im Freiquartier (zenkonyado) vergessenes Säckchen voll „hattai" bei einer Haussuchung von der Polizei für Sprengstoff gehalten und beschlagnahmt.

dieses Jahr wieder nach Shikoku gekommen zur Dankesfahrt „on reimawari". Jedermann bewunderte den frischen jungen Mann, der, wie ich mich am nächsten Morgen überzeugen konnte, flink wie ein Wiesel über die Berge lief.

Nachdem das Essen fertig war, wurden die Tabletts abgetragen, den Reistopf behielt jedoch jeder bei sich und stellte ihn zu seinem Gepäck. Dann wurde das Fremdenbuch herumgereicht. Während sich die Anderen darin eintrugen, nahm jeder aus seiner Zettelklammer so viele Zettel heraus, als er am folgenden Tage wahrscheinlich benötigen würde, und füllte sie aus. Der eine der Pilger studierte dann sein Führerbuch, ich plauderte mit dem Manne, der sich meiner so freundlich angenommen hatte. Was ihn nach Shikoku geführt, wagte ich am ersten Abend nicht zu fragen; nur soviel erfuhr ich, daß er aus Tôkyô stammte und durch verschiedene Geschäfte verhindert worden war, die Wallfahrt wie geplant im Frühling auszuführen. Unterdessen wurde die Petroleumlampe von der Mitte des Zimmers weggehängt und an dem Querbalken zwischen unserem Zimmer und einem kleinen offenen Räume, der nach der Küche ging, befestigt; die dünnen kurzen Futon und die aus Binsen geflochtenen Kopfkissen wurden hereingebracht und ausgebreitet; merkwürdig war, daß auf die unteren Futon noch Binsenmatten gelegt wurden, wie ich vermute, daß man kühler liege[1]. Hinter unserem Zimmer lag ein anderes,

---

[1] Ich habe seither gehört, daß diese Matten auch in Bauernhäusern verwendet werden. Vielleicht behindern sie die Flöhe beim Springen.

in welches sich schon drei Leute zurückgezogen hatten. Der junge zuletzt Gekommene und der aus Tôkyô waren geblieben, während die Lager gerichtet wurden. Für alle drei wurde zuletzt ein großes Netz aufgespannt, wobei wir Gäste dem Wirte behilflich waren. Aber ehe wir uns legten, wurde noch die Rechnung beglichen; ein Gô Reis kostete 9½ Sen; meine Zeche für die Nacht betrug also nur 47½ Sen; Teegeld oder Trinkgeld bezeichnete der aus Tôkyô als unnötig. Der auf Mehldiät lebende zahlte ungefähr 20 Sen. Von Ungeziefer habe ich in jener Nacht wenig gespürt; die Ameisen, die mich während der Mahlzeit gestört hatten, schienen sich glücklicherweise mehr für unsere Speisen als für uns selbst zu interessieren. Dagegen fanden einige Moskito den Weg unter das Netz, sei es, daß dieses Löcher hatte oder daß es der Luftzug an irgend einer Ecke emporhob.

Ich mußte später noch mehrfach in Holzgeldherbergen übernachten. Da es Sommer war und es daher wenig Gäste gab, kam ich, was Ungeziefer anlangt, glimpflich davon; indessen verging mir doch für einige Stunden die Lust, die Reise fortzusetzen, als ich eines Morgens nach Verlassen einer solchen Herberge an meinem kleinen japanischen Handtuch eine wohlgenährte Kleiderlaus entdeckte. Die Furcht vor dem Ungeziefer nannte man mir auch in Tosa als Grund, warum man in dieser Provinz niemand, der den Pilgerstab trägt, in einem Gasthause oder Hotel aufnimmt; man behauptet, daß andere Reisende einem Gasthause, das Pilger beherberge, fernblieben. Auch in den anderen drei Provinzen kann es vorkommen, daß ein Gasthaus einen Pilger zurückweist; wer daher nicht genug Pilgermut besitzt, um in der Holzgeldherberge zu bleiben, stellt zunächst in dieser Gepäck und Stab ab, kleidet sich um und sucht dann, womöglich in einer Riksha fahrend, das Hotel auf. Dagegen findet man überall außer in Tosa auch Gasthöfe, die in demselben Gebäude oder in zwei nebeneinander liegenden Häusern Herbergen- und Gasthausbetrieb unterhalten und wo man sich ein besseres Quartier leisten kann, ohne ganz aus der Pilgeratmosphäre herauszukommen.

VIII. Fasten.

Kehrt man in einem solchen Gasthaus mit Doppelbetrieb ein, so ist die erste Frage, nachdem man auf das Zimmer geführt worden ist: „Dannasan wa shôjin desu ka? Dô desu ka?" (Fastet der Herr oder nicht?) Zu der richtigen Pilgerreise gehört nämlich auch, daß man fastet. Bekanntlich ist der buddhistische Begriff des Fastens viel strenger als der christlich-katholische; die Enthaltung bezieht sich auf jede tierische Nahrung, also auch auf Fische, Eier usw. Auch versteht sich, daß sich der Pilger berauschender Getränke enthalten soll. Wie man sich in Gegenden, welche neben den eigentlichen Shikokupilgern noch viele andere Pilger als Gäste haben, hilft, um des geliebten „sake" nicht ganz entsagen zu müssen, zeigt folgende Unterhaltung, die Shikokuzaru in Kotohira mit der Magd des Gasthauses hatte: „Danna, gomazu wa ikaga desu ka?" — „Goma-

zu wa nan desu ka?" — „Oya, danna o hendo de haji-
mete da to mieru." — „Shireta koto yo. O hendo wa
shôbai ni shite otte tamaru ka?" — „Ja te, anata
gomazu no shiraide amari desu yo. O sasa desu yo."
(Beliebt der Herr Goma-Essig? — Goma-Essig? Was ist
das? — Aha, man sieht, der Herr ist zum erstenmal auf
der Wallfahrt. — Natürlich. Sehe ich etwa aus, als ob
ich das Wallfahren als Beruf betriebe? — Das nicht,
aber Goma-Essig könnten Sie doch wissen. Es ist
Reiswein, verstehen Sie?)

Herr Tomita wurde sogar in einem Tempel zu einem Schälchen Reiswein genötigt, unter Berufung auf
eine der letzten Ermahnungen des Daishi: „Onshu ip-
pai kore wo yurusu" (Ein Schälchen warmen Weines,
soviel erlaube ich). Das „Schälchen", das man ihm an-
bot, hatte allerdings die Größe einer großen Teetasse.
Mir, als einem Deutschen, wurde in den Tempeln, in
denen ich übernachtete, wiederholt selbst zum Frühstück Bier aufgetischt, da dieses Getränk, wie in Mittel-
schullesebüchern geschrieben steht, bei uns die Stelle
des Tees vertritt. In der Holzgeldherberge habe ich
dagegen nie Reiswein gefunden oder trinken sehen.
Selbst wenn der Pilger hie und da einen Schluck „sake" zu sich nähme, so muß er dennoch genug entbeh-
ren, und mancher sehnsüchtige Blick fällt auf die Haifischflossen, die Tintenfische und den Bonito, wie sie
in den Tosa-Häfen allüberall zum Trocknen aufgehängt sind oder auf Darren in der Sonne stehen, oder
in Iyo auf die allenthalben zum Verkauf ausliegenden
frischen Seefische der Inlandsee, die anerkannt besten
des Landes.

Man bedenke, was für eine Versuchung es für die Leute bedeutet, die aus weit entlegenen Gegenden nach Shikoku kommen — vielleicht ist es das einzige Mal in ihren Leben — und nun wochenlang durch das Land ziehen und die schönen Dinge[1], von denen sie gehört haben, stets vor Augen sehen, aber nicht genießen dürfen. Man wird dann zugeben, daß es nur zu begreiflich ist, wenn da und dort einige der Versuchung zum Opfer fallen, und wird nicht, weil neben dem Licht auch Schatten vorhanden ist, die Vorschriften und ihre Einhaltung für Humbug halten. Genau so, wie heute noch sieben von zehn Pilgern den ganzen Weg zu Fuße zurücklegen, obwohl sogar in den „nôkyôsho" der Tempel auf Fahrgelegenheiten hingewiesen wird, hält auch heute noch die überwiegende Mehrzahl die Regeln streng ein und ist am ehesten bereit solche zu verurteilen, die sie brechen. Wer Stab und Gewand auf sich nimmt, muß sich dem Gesetze fügen, ja gewisse Tempel gelten geradezu als „o henro no sekisho" „Grenzstellen des Pilgers", wo den Unbußfertigen unter ihnen als Zeichen himmlischer Strafe ein Unglück zustößt, sei es daß dort ehebrecherische Frauen sich mit ihren Haaren in dem Stricke der Tempelschelle verfangen haben oder daß böse Männer von der herabstürzenden Glocke erschlagen worden sind.

---

[1] Die sogenannten „meibutsu", Erzeugnisse, die an einem bestimmten Orte in besonderer Güte hergestellt werden und eine dementsprechende Berühmtheit genießen wie bei uns die Freiburger oder die Speyerer Bretzeln, Nürnberger Lebkuchen, Harzer Handkäse, Westfälischen Schinken, Kieler Sprotten, das Münchner Bier usw.

Auch Macht und Reichtum gelten nichts; wie dem reichen Jüngling in der Bibel sind sie auch dem wohlhabenden Shikoku-Pilger ein Hindernis, wie man aus der folgenden Geschichte ersieht, die sich die Leute auf der Wallfahrt erzählen:

„Der reiche Sumitomo Kichizaemon, der Gründer der heute weltberühmten Bankfirma, der auch die Kupferminen von Besshi in Shikoku gehören, beschloß eines Tages die Wallfahrt zu den 88 Tempeln zu unternehmen. Wie es sich für einen so wohlhabenden Mann geziemt, rüstete er eine große Reisegesellschaft aus; mit vielen Dienern und viel anderem Gefolge reiste er in einer Sänfte von Ort zu Ort, kehrte nur in den besten Gasthäusern und Hotels ein, wo er feierlich empfangen und festlich bewirtet wurde; kam er an die Tempel, so setzte er kaum den Fuß aus der Sänfte, während ein Diener sprang, das Schriftopfer zu erledigen, ein anderer die Zettel abzugeben und die Gebete herzusagen. So nahm die Wallfahrt einen sehr bequemen glatten Verlauf. Aber als er nach Osaka zurückgekehrt war und die Freunde kamen, um von seiner Reise zu hören, da wollte er ihnen auch das „nôkyôchô", das Buch mit den für die Schriftopfer erhaltenen Einträgen und Stempeln zeigen. Ein Diener brachte das Buch. Kichizaemon schlug die erste Seite auf, sie war leer. Er blätterte weiter, aber wie sehr er auch suchte, alle Seiten waren blank, zur großen Verwunderung seiner Gäste und zur peinlichen Beschämung seiner selbst. Die Lehre hatte jedoch gewirkt. In aller Stille rüstete er abermals zur Fahrt und zog als einfacher Pilger unerkannt ein zweites Mal durch die vier Länder, nahm alle Mühen und Entbehrungen getrost auf sich, und als er diesmal heimkehrte und sein Buch aufschlug, waren alle Schriftzüge klar und frisch und die Stempel leuchteten wie zu der Zeit, da er sie erhalten."

IX. Frauen auf der Wallfahrt.

Während in Europa die Frau in früheren Zeiten in der Kirche eine untergeordnete Stellung einnahm (mulier taceat in ecclesia!), ist es heute doch allgemein so, daß sie einen größeren Anteil am kirchlichen Leben nimmt als der Mann. Vor allem bei Wallfahrten wie z. B. der nach Lourdes wird man in der Regel mehr Frauen als Männer antreffen. Auch im Buddhismus in Japan (und überhaupt) stand die Frau früher eine Stufe tiefer als der Mann; wenn sie auch Buddhaschaft erreichen konnte, so war es ihr doch schwerer gemacht als dem Manne. Heute sind auf der Shikoku-Wallfahrt die beiden Geschlechter ziemlich gleich verteilt. Wie das Verhältnis früher war, darüber bemerken die alten Bücher nichts, dagegen sind auf allen Abbildungen auch weibliche Gestalten zu sehen, ferner weist die Vorschrift, daß ein Mann und eine Frau allein nicht übers Meer fahren können, darauf hin, daß es schon frühe auch Pilgerinnen gegeben haben muß. Heute sind selbst allein pilgernde junge Mädchen nichts Ungewöhnliches mehr. Nach Shikokuzaru sind die Mädchen aus Awa am zahlreichsten, weil einer der dortigen Daimyô, Hachisuka Koroku, ein sehr frommer

Buddhist war und auf die Bevölkerung als Vorbild wirkte. Seither sollen die Bewohner in Awa sehr fromm sein, so daß die Eltern ihre Töchter auf die Wallfahrt schicken, wenn sie in das heiratsfähige Alter kommen. Der Daishi gilt dort auch ein wenig als Helfer für die Heirat, als „musubi no kami" (Gott der Verbindung). Anders in Tosa, wo ja auch der Daishi weniger hoch im Kurs steht. Wenn dort ein Mädchen sich zu den 88 Tempeln aufmacht, so fragen gleich alle Nachbarn und bald darauf das ganze Dorf: „Was mag die nur für eine schlimme Krankheit haben?" und das Vorurteil geht auf die ganze Familie über[1].

Übertretungen und Mißbräuche mögen manchmal vorkommen, wenn die Pilger in der Herberge oft so dicht gedrängt beieinanderliegen, daß das Sprichwort „tatami no heri ga kunisakai" (der Saum der Matte ist die Landesgrenze) nicht mehr gilt. Wer die Geschichte und die Verhältnisse der Wallfahrten in Deutschland kennt, weiß, daß es auch dort nicht immer ganz einwandfrei zuzugehen pflegte. Auch hier muß man sich hüten, die Schatten schwärzer zu sehen, als sie wirklich sind.

In deutschen Geographiebüchern, auch solchen, die nach dem Kriege erschienen sind, kann man lesen,

---

[1] In einzelnen Provinzen außerhalb Shikokus scheint es auch für Männer nicht als Empfehlung zu gelten, wenn sie auf der Shikoku-Wallfahrt gewessen sind. So soll in dem Bezirk Yamaguchi bei Heiratsvermittlungen machmal gegen eine Familie eingewendet werden, sie sei ja ganz gut und wohlhabend, aber der Großvater, oder wer es gerade ist, sei einmal zu den 88 Tempeln gepilgert.

daß die Besteigung des Fuji Frauen verboten ist. Dieses Verbot ist jedoch seit Jahrzehnten schon aufgehoben, ähnlich wie bei anderen Bergen, zu denen auch der von Kôbô Daishi gestiftete Kôya gehörte. Man bringt dieses Frauenverbot mit Mißbräuchen und Ausschweifungen zusammen, die sich aus tantristischen Riten, wie sie erwiesenermaßen früher z. B. auf dem Kôya abgehalten wurden, ergaben[1]. Heute sind derartige Verbote mit wenigen Ausnahmen aufgehoben, doch ist z. B. der Berg Nantai (deutsch: Mannleib) bei Nikkô bis zum heutigen Tag nur im Sommer während weniger Wochen für Frauen, die dazu noch bestimmte Regeln einhalten müssen, geöffnet. Reste von Frauenverboten haben sich an zwei Stellen der Shikoku-Wallfahrt erhalten, wie man sich denken kann, in dem konservativen Tosa und in dem mit En no Ozunu und dem Shugendô in Verbindung stehenden Maegamiji in Iyo. Es gibt einen Pilgervers:

Shikoku megutte	Die Tempel, zu denen man auf der
Yukarenu tera wa	Fahrt um Shikoku (als Frau) nicht
Tosa de Nishidera	gehen kann, sind der Nishidera
Higashidera	und der Higashidera in Tosa.

Vor 26 Jahren, als der Kôya schon längst den Frauen geöffnet war, fand Shikokuzaru noch auf dem Weg zum Higashidera (Nr. 24) auf halber Höhe ein Schild: „Kono tokoro nyonin kinsei ni tsuki nyonin wa migi ni yukubeshi" (Da dieser Platz für Frauen verboten ist, haben Frauen rechts zu gehen). Ein ähnliches Schild

---

[1] Diese Riten sind allem Anschein nach durch das Shugendô in die Shingonlehre eingedrungen.

fand er auch vor dem 26. Tempel, dem Nishidera. Heute ist das Betreten der beiden Tempel auch Frauen gestattet, aber es gibt noch immer eine Stelle am Eingang zum Tempelgebiet des Nishidera, wo der Führer vorschreibt, daß die Männer rechts und die Frauen links gehen sollen. Der Maegamiji in Iyo hat dagegen, wie wir schon oben bemerkten, eine Haupthalle für Männer und eine besondere für Frauen

Während sich so das Frauenverbot in Tosa und in Iyo einen kleinen Rest bewahrt hat, ist das Allerheiligste des 65. Tempels, der prächtige Kinkôzan Senryûji in Iyo, eine Nachbildung des Kôyasan, die der Sage nach von Kôbô Daishi den Frauen als Ersatz für den ihnen verbotenen Kôya angewiesen wurde und zu der man daher von Anfang an den Frauen den Zutritt gewährte, weshalb der Tempel heute auch der Frauenkôya genannt wird[1].

X. Die Lieder, Go Eika.

Zu der Andacht, die der Pilger an jedem Tempel verrichtet, gehört auch das Absingen eines kleinen geistlichen Liedes, „go eika" genannt, das bei jedem Tempel in dem Führerbuche angegeben ist und in irgend einer Weise auf die Stätte Bezug nimmt. Diese Lieder sind durchweg ziemlich alt, wie man daraus

---

[1] Es gibt mindestens noch einen Tempel, welcher diese Bezeichnung führt, nämlich der Kongöji bei Nagano in der Provinz Kawachi.

ersehen kann, daß auch da, wo der Name des Tempels später geändert wurde wie im Falle des Ishiteji und einiger anderer Tempel, der ursprüngliche Name im Liede fortlebte, obwohl die so enthaltene Anspielung ihren Sinn verloren hatte. Indessen besteht kein Zweifel, daß die Lieder der 33 Kwannontempel von Saikoku die Muster zu denen der 88 Shikoku-Tempel abgegeben haben. Jene stehen nicht nur ohne Ausnahme höher, was dichterischen Wert anlangt, sondern auch ihre Melodie ist für Shikoku „tonangebend". Um den Unterschied an poetischem Gehalt zu erkennen, vergleiche man nur einmal zwei Gedichte, wie das des Shosha in der Provinz Harima und das des Landesschutztempels von Iyo, des Taisanji. Letzteres ist nicht etwa ein besonders schlechtes, sondern ist ungefähr bezeichnend für den Durchschnitt; doch eignen sich die meisten wegen der darin enthaltenen Wortspiele schlecht zur Übersetzung.

Harubaru to	Zum Shosha zieh'n wir von weither,
Noboreba Shosha no	Ein frischer Bergwind weht vom Gipfel
Yamaoroshi	Es klinget durch die Kiefernwipfel
Matsu no hibiki mo	Der Widerhall gleich Buddhas Lehr',
Mi nori naruran.	

| Taisan wo | Steigst du zum Taisanji auf, |
| Noboreba ase no | Ei, wie rinnt dir da der Schweiß! |

Idekeredo	Denk nur an die künft'ge Welt,
Nochi no yo omoeba	So vergeht die Müh' sogleich.
Nan no ku nashi.	

Die Singweise ist eine ziemlich langgezogene, getragene, bei der auf jede der 31 Silben genau bestimmte Akzente entfallen müssen, jede Zeile wird in zwei Atemgruppen zerlegt. Die Melodie hat Durcharakter und wirkt, von einem guten Sänger vorgetragen, sehr angenehm.

Es gibt Gesellschaften, welche sich die Pflege der „go eika" zur Aufgabe gemacht haben, die sogenannten Kwannonkô. Auf Shikoku stehen sie besonders in Iyo in der Gegend von Matsuyama in großer Blüte. In Matsuyama allein gibt es ungefähr zwanzig solcher Gesellschaften. Die Leute treffen sich einmal im Monat, meist in einem Tempel und singen, andächtig vor dem Buddha-Altar sitzend, die Lieder der 33 Kwannontempel einmal durch. Daß dabei ausschließlich diese gesungen werden, ist ein weiterer Beweis dafür, daß sie das Muster für alle anderen sind. Von Zeit zu Zeit findet dann ein großes Wettsingen statt. Letztes Jahr besuchte ich ein solches in einem Tempel in Tachibana, einer Vorstadt von Matsuyama. Der Neffe des Priesters hatte mich eingeladen und so fand ich mich denn in den ersten Nachmittagsstunden ein. Schon als ich mich dem Tempel näherte, lag ein merkwürdiges Klingen und Singen in der Luft, das ich mir nicht ganz erklären konnte. In der Priesterwohnung waren zwischen den drei größten Zimmern die Schiebewände herausgenommen und so ein einziger großer Saal geschaffen worden; da es noch sommerlich heiß war, hatte man alle Shôji entfernt, so daß der Blick ungehindert nach dem schön angelegten Garten schweifen konnte. Am hinteren Ende des dichtgefüllten Saales war aus Tischen eine Reihe gebildet, hinter der etwa zwölf Männer, darunter auch zwei Priester saßen. Fünf davon waren die Schiedsrichter und versahen bereits seit frühem Morgen ohne Unterbrechung ihr Amt. Etwas weiter vorne rechts stand ein einzelner Tisch, hinter dem die Wettsinger Platz zu nehmen hatten. Man konnte im Stehen oder auch im Sitzen singen. Zunächst rezitierte jeder die stereotype Einleitung: „Osametatematsuru Saikoku 33kasho dai … ban … no kuni … yama (oder … tera)" (Ich bringe in Ehrfurcht dar von den 33 Stätten Saikokus (das Lied) des soundsovielten Tempels, des … yama im Lande …), worauf er mit veränderter Stimmlage den eigentlichen Gesang begann. Der Sänger konnte nicht ein beliebiges Lied wählen, sondern mußte sich an das in der Reihenfolge zunächststehende halten. Die Schiedsrichter spielten die gleiche Rolle wie bei unseren Meistersingern die Merker; sie mußten achten, ob der Sänger jeder Silbe die genügende Anzahl von Akzenten gab, ob er die Glockenschläge richtig setzte, ob ihm der Atem nicht riß und ob er sich keine Unreinheiten in Stimme oder Melodie zu Schulden kommen ließ usw. Jeder von ihnen konnte eine bestimmte Höchstzahl von Punkten, in unserem Falle 80, zuerkennen; hatte der Sänger geendet, so wurden die Punkte der Schiedsrichter addiert und die Summe sogleich mit Tusche auf einen großen Bogen Papier gemalt und dieser vor aller Augen an einem Ständer aufgehängt. Wer eine

Silbe falsch liest und sei es auch nur, daß er in einem Worte wie in dem Namen Ômi, der ja in Kana „a-u-mi" geschrieben wird, versehentlich mit „a" beginnt, wem der Atem reißt oder das Mißgeschick unterläuft, einen Glockenschlag zu versäumen oder am falschen Platze zu geben, der hat sofort versungen und muß unter allgemeinem Gelächter abtreten, ohne aussingen zu dürfen. So trägt einer nach dem anderen von den zwei- bis dreihundert Bewerbern sein Lied vor, dann werden die besten ausgeschieden und singen von neuem und so fort, bis schließlich die Preisträger festgestellt sind. Leute kommen und gehen, den Schiedsrichtern werden Erfrischungen gereicht, aber ununterbrochen geht die Singerei weiter. Nebenan in der Küche üben zwei, ein anderer ist in der Tempelhalle und singt dort vor der Kwannonstatue zur Probe; draußen im Hofe hat ein Nudelverkäufer eine kleine Bude aufgeschlagen, aus der das „osametatematsuru" heraustönt, in allen Nachbarhäusern, das Badehaus mit seiner besonders guten Resonanz nicht ausgenommen, erproben Leute ihre Sangeskunst, ja selbst als ich spät abends über die Brücke ging, die nach der Stadt zurückführt und mehrere Hundert Meter vom Tempel entfernt ist, vernahm ich die mir nun schon wohl vertrauten Klänge; denn das Wettsingen war selbst um Mitternacht noch nicht zu Ende, sondern dauerte bis zum nächsten Morgen um 8 Uhr weiter. Erst dann war der letzte Kampf entschieden und bis dahin mußte auch das Preisgericht aushalten und dieselbe Melodie wenn auch nicht dieselben Worte ungefähr 500 mal über sich ergehen lassen[1]. Unter denen, die an der Veranstaltung teilnahmen, waren auch Frauen, von denen einige, solange ich anwesend war, mit gutem Erfolg sangen. Auf der Wallfahrt hörte ich dagegen die „go eika", obwohl sie im Führer vorgeschrieben sind, nur selten singen, doch mag dies an der Ungunst der Jahreszeit gelegen haben.

XI. Votivbilder, Segen, Arzneien, Yakuyoke.

Kommt man zu dem Ishiteji bei Matsuyama, so führt von der Straße eine ziemlich lange gedeckte Galerie zu dem Tempelhof. Am einen Ende steht eine riesige alte Kiefer, am anderen das schöne zweistöckige Tempeltor. An der Decke und an den Pfeilern dieser Galerie hängen eine große Anzahl Votivbilder in den verschiedensten Formen und Ausführungen, wobei sogar aus Stroh geflochtene nicht fehlen. Solche Bilder, wie die Inschriften sagen, meist zum Dank für Gebetserhörungen dargebracht, sind an jedem der 88 Tempel zu finden und sind auch nicht auf Shikoku beschränkt; die meisten finden sich jedoch in der Halle des Daishi. Einzelne Tempel haben ihre Besonderheiten, so findet man an einigen viele aus Stoff genähte lange Rollen, die von Frauen dargebracht werden. An dem 75. Tempel und in noch weit größerer Zahl am 43.

---

[1] Es gibt zwei Singstile, den gewöhnlichen Eika-Stil, welcher der ältere ist und das „donkai" (wörtlich übersetzt: Meerschlucken), welches eine raschere, weniger religiös stimmende Melodie hat.

fand ich Nachbildungen weiblicher Brüste aus weißem Stoff, in einem Falle schön auf ein Brettchen aufgesetzt und mit Inschrift versehen. Wie man sich denken kann, waren diese Gebilde von jungen Müttern gestiftet zum Dank dafür, daß sie ihre Kinder hatten stillen können. An Tempeln, die viel von Seeleuten aufgesucht werden, so beim 36., dessen Hauptgottheit der „Wogenschneidende Fudô" ist, findet man die Schöpflöffel ohne Boden, wie sie bekanntlich auf fast allen japanischen Schiffen zum Schutz gegen Seenot aufbewahrt werden. An einem anderen Tempel waren viele Photographien angeschlagen oder -geklebt, darunter zahlreiche aus den Vereinigten Staaten und aus Hawaii von japanischen Auswanderern zugeschickte. Häufig findet man auch Arzneiflaschen mit Inhalt, von den ihrer nicht mehr bedürftigen Geheilten dem Tempel vermacht, aufgehängt, sowie Krücken und Krüppelwagen von solchen, die den Gebrauch ihrer Gliedmaßen wieder erlangten; an dem 44. Tempel entdeckte ich als Zeichen der neuen Zeit und der europäischen Heilkunde sogar ein Gipsbett. Die Vorhalle des 88. Tempels starrt buchstäblich von Krücken; auch lassen viele Leute ihre Zettelklammern dort zurück. Für die Toleranz des Buddhismus bezeichnend ist, daß ich an einem Tempel (Nr. 34) ein ziemlich neues großes Marienbild mit Glas und Rahmen fand. Der Priester wußte sehr wohl, wen das Bild vorstellte; ein Volksschullehrer des Ortes habe es gestiftet, es sei doch ein schönes und gutes Bild. Welche Aufnahme würde wohl ein Kwannonbild in Altötting finden? Daß man nicht etwa aus Gleichgültigkeit so weitherzig ist, zeigt eine andere Votivgabe, die an dem 71. Tempel, dem Iyadanidera in der Provinz Sanuki, hängt. Als ich sie sah, dachte ich zuerst, es sei wieder eine Medizinflasche, wie ich schon viele gesehen hatte. Aber die Flasche war größer und außerdem schien etwas darin zu sein. Ich fragte den Priester, der mir erklärte, das sei der kleine Finger eines Mannes, der an diesem Tempel ein Gelübde getan habe, in dessen Erfüllung er sich nach der Verwirklichung seines Herzenswunsches den Finger abgetrennt und dem Tempel zugeschickt habe. Wohl ist es Aberglaube, auf solche Weise der Gottheit dienen zu wollen, aber man kann daraus sehen, wie ernst es diese Leute mit ihrem Glauben nehmen[1].

Wir erwähnten oben bereits die vielen Strohsandalen, welche den beiden Dewakönigen der Eingangstore dargebracht werden. Viele Pilger stiften sie, wenn sie die Wallfahrt antreten, damit sie nicht wunde oder sonst schwache Füße bekommen; auch wer unterwegs Schwierigkeiten mit dem Laufen hat, bringt ein Paar solcher Sandalen dar. Obwohl es eigentlich vier Dewakönige gibt, sind gewöhnlich nur zwei im Eingangstore aufgestellt; daß die Sandalen gerade ihnen geopfert werden, mag wohl mit der Zweizahl zusammenhängen. Die Größe ist meist die der gewöhnlichen Fußbekleidung, aber auch solche von doppelter Größe und darüber sind überall zu sehen, an einigen Tempeln wie am 71., dem Iyadanidera, und am 87., dem Naga(w)odera, fand ich Sandalen, welche reichlich anderthalb Meter lang und entsprechend breit waren.

---

[1] Am 40. Tempel sollen sich sogar acht solcher Finger zusammen eingerahmt befinden.

Natürlich fehlt auch das rotlackierte Bildnis des Kranken heilenden Binzuru nur ausnahmsweise einmal an einem Tempel.

Eine Besonderheit, die ich bis jetzt nirgends sonst in Japan angetroffen habe, ist eine kleine Kapelle in dem Butsubokuji in Südiyo. Sie wird Gyûôdô, Kuhkönighalle, genannt, steht auf vier ungefähr einen Meter hohen Pfählen wie ein Heiligenschrein und hat zwei sich nach außen öffnende Türflügel. Im Innern befinden sich eine größere und (wenn ich mich recht erinnere, zwei) kleinere Nachbildungen von Kühen, ferner ein Opferkästchen, ein großes Seil (wohl ein Leitseil darstellend), ein kleiner Leuchter zur Aufnahme von Opferkerzen und einige andere kleine Kultgeräte. An den Türflügeln und an den Balken darüber hängen die Zettel vieler Pilger sowie ungezählte Strohsandalen. Doch sind diese Sandalen nicht solche von Pilgern, sondern von der Art, wie man sie den Kühen um die Klauen bindet. Die Sage von der Gründung dieses Tempels erzählt, daß Kôbô Daishi auf der Wanderung durch die Berge hier einem alten Manne begegnete, der eine Kuh am Stricke führte und den vom langen Wandern müden Priester ein Stück weit reiten ließ. Plötzlich sahen sie an einem Kampherbaum etwas leuchten. Kûkai trat näher hinzu und erkannte, daß es ein Juwel war, welches er vor der Heimkehr aus China in die Luft geworfen hatte[1]. Daishi schnitzte aus diesem Kampherbaum eine Statue des Dainichi Nyorai und brachte das Juwel auf der Stirn zwischen den Au-

---

[1] Vgl. die Gründungssagen des 36. und des 37. T., o. S. 75.

gen an. Seither kommen alle die, welche für ihre Kühe oder auch Pferde den Schutz und Segen des Buddha suchen, zu diesem Tempel. Dieser besitzt übrigens viele alte Urkunden, von denen einige nahezu 700 Jahre zurückreichen. Daß auch der Glaube an die Schutzkraft für das Vieh auf eine ziemlich lange Vergangenheit zurückblickt, kann man daraus ersehen, daß aus der Genroku-Periode ein Holzstock zum Drucken von Zaubersegen vorhanden ist, der die Inschrift trägt:

„Gyûô Butsubokuji Hômyô"

(Kuhkönig Buddhabaumtempel Langes Leben)

Solch alter Tradition können sich nicht alle Tempel rühmen. So fand ich in Tosa an zwei benachbarten Wallfahrtsstätten, der 35. und der 36., zwei Arten der Krankheitsbannung, welche mir durch ihre Ähnlichkeit auffielen und etwas verdächtig erschienen, so daß ich mich nicht enthalten konnte, den einen Priester zu fragen, ob die Sitte schon lange bestehe, worauf ich die Antwort erhielt, sie habe früher schon einmal bestanden, sei aber erst vor dreißig Jahren wieder aufgenommen worden. Für das frühere Bestehen waren jedoch keine Urkunden vorhanden, da der Teil des Tempels, in welchem man sie aufbewahrt hatte, in der Periode Hôei (1704 bis 1711) von einer Springflut weggeschwemmt worden war. Auch die Art der Bekanntmachung erinnerte mehr an ein Geschäftsunternehmen als an eine religiöse Veranstaltung. Ein rotbedruckter Zettel mit folgendem Wortlaut war in allen umliegenden Dörfern verteilt worden:

!! Es wird hiemit Allen bekannt gemacht!!

Am siebenten Tage des siebenten Monats des alten Kalenders vom frühen Morgen an bannen wir jedwede Krankheit!!

Banngebetsübungen gegen alle Krankheiten am Tanabatatage.

Reflektanten mögen bitte pro Person je eine Eierfrucht mitbringen!

Gemeinde Takaoka Seiryûji.

!! Es wird hiemit Allen bekannt gemacht!!

Dazu oben noch eine Querleiste mit der Notiz: „Diese Banngebete werden nur am Tage des Tanabata abgehalten." Ich selbst habe die Veranstaltung der Feier nicht gesehen, habe mir aber erzählen lassen, daß an dem angegebenen Tage viele Leute mit ihren Eierfrüchten zu dem Tempel pilgerten, wo der Priester im vollen Ornat mit seinen Gehilfen Gebete zum Schutz gegen alle Krankheiten las und diese zum Schluß durch Beschwörungen in die Eierfrüchte bannte. Daß es an jenem Tage auch reichlich Opfergeld regnete, braucht nicht erst gesagt zu werden. Der 36. Tempel hielt seine Feier etwas später am ersten oder zweiten Tage der Hundstage ab, doch wurden dort die Krankheiten nicht in Eierfrüchte gebannt, sondern in Gurken.

Bekanntlich verkaufen alle Sekten außer der Shinsekte auch Zaubersegen. Man kann daher auch an allen 88 Tempeln Segen erhalten. Besonders schön ist der des Ishizuchi Gongen, der Inkarnation des höchsten Berges von Shikoku; ein alter Mann, der in der einen Hand eine Schriftrolle, in der anderen einen oben mit Ringen versehenen Stab hält, über der Schulter ein Federkleid, als Fußbekleidung Ashida (hohe Geta); er sitzt auf einer Art Felsenthron, der oben in zwei Falkenköpfe ausläuft, während zu seinen Füßen halbnackte Kobolde mit Axt, Ölflasche und einer mit der Swastika verzierten Traglast kauern. Diese Segen werden von den Pilgern gerne den Angehörigen und Nachbarn als Reiseandenken mitgebracht und sind an vielen Haustüren zu sehen. Da gerade die Zeit der Sommerseidenraupen war, als ich meine Wallfahrt machte, fand ich in Awa und Tosa an sehr vielen Tempeln einen Anschlag „Kaiko no on mamori ga arimasu" (Segen für Seidenraupen zu haben).

Eine andere Art Schutz gegen Krankheit bilden die „Hômei juban" und „Haramaki on mamori". (Lebensretter-Unterkleid und Leibbindenzauber.) Ersteres wurde an dem Higashidera in Tosa verkauft und war ein einfaches Untergewand aus weißem Stoff, das mit einigen Stempeln versehen war; die Leibbinde dagegen war, soweit ich sehen konnte, nur einfach weiß und ohne Stempel. Die Segen für leichte Geburt sind auch an verschiedenen Tempeln zu haben, doch nimmt auf diesem Gebiet der 61. Tempel, der Kôonji, besser unter dem Namen Koyasu Daishi „der kinderleichte Daishi" bekannt, sozusagen eine Monopolstellung ein.

Dieser Tempel ist ein Schulbeispiel dafür, wie ein Tempel unter entsprechend tatkräftiger Leitung in kurzer Zeit zu hoher Blüte gelangen kann und sei daher hier noch etwas näher besprochen. Vor ungefähr 15 Jahren war diese Wallfahrtsstätte vielleicht die armseligste unter den 88, heute kann sich kaum einer der anderen Tempel, was Blühen und Gedeihen betrifft, mit dem Kôonji messen. Der Grund ist, daß der jetzige Abt, Yamaoka Suien, auf Grund einer lokalen Legende, wonach Daishi in jener Gegend einer Frau in Kindsnöten geholfen und an diesem Tempel einen besonderen geheimen Kindersegen hinterlassen habe, in äußerst geschickter Weise einen Kult aufgebaut hat, der den Daishi als Helfer aus allen Kinder betreffenden Verlegenheiten zum Mittelpunkt hat. Er gründete die Koyasudaishikô, d. h., die Gemeinschaft zum kinderleichten Daishi, zog sich nach und nach einen Stab von Evangelisten heran, die heute, 80 an der Zahl, in Gruppen von je dreien das ganze Land bereisen, ja bis nach Korea und in die Mandschurei hinübergehen und für den geistlichen Zusammenhalt der Mitglieder sorgen, deren Zahl sich auf etwa 200 000 beläuft. Natürlich hat der Tempel auch sein eigenes Erbauungsblatt, „Hito to Hotoke" (Mensch und Buddha), wie man überhaupt anerkennen muß, daß Herr Yamaoka es sich sehr angelegen sein läßt, ein guter Hirte seiner Gemeinde zu sein, dessen oberster Grundsatz ist, daß der Tempel nicht für den Priester da ist, sondern für die Gläubigen. Es ist daher an dem Tempel selbst sehr gut für Unterkunft, Bewirtung und Unterhaltung der Pilger gesorgt, welche sämtlich zum Bleiben aufgefordert und unentgeltlich beherbergt und verköstigt werden. Dazu finden fast allabendlich Vorträge zur Erbauung der Pilger statt, ja selbst kinematographische Vorführungen fehlen nicht. Außer den eigentlichen

Wallfahrern besuchen auch zahlreiche jüngere und ältere Ehepaare aus allen Kreisen der Bevölkerung den Tempel. In der Art und Weise, wie der Abt, ein guter Menschenkenner, die Leute behandelt, liegt vielleicht etwas den Methoden der Christian Science Verwandtes, wie man aus dem von ihm immer wieder gepredigten Glaubenssatz sehen kann: „Tada ichinen bodaishin ni jû sureba subete no kôi ga bodai ni arazaru koto nashi."

Mehrere Tempel nehmen auf Grund von Überlieferungen, wonach Kûkai im Alter von 37 oder 42 Jahren an ihnen geweilt und zur Bannung der Gefahr des betreffenden Jahres 37 bzw. 42 Tage lang geheime Magie ausgeübt habe, eine besondere Schutzkraft für die im „gefährlichen Alter" Stehenden für sich in Anspruch. Einer der bekanntesten dieser Art ist die letzte der 23 Wallfahrtsstätten von Awa, der Yakuôji, an welchem Daishi im Alter von 42 Jahren magischen Übungen oblegen haben soll. Das Flugblatt, das ich an diesem Tempel erhielt und das auch kurz die Geschichte des Platzes erzählt, gibt folgende Vorschriften für die „yakuyoke" genannte Bannung der Gefahr:

„Die Leute, die in einem Jahr der großen oder der kleinen Gefahr[1] stehen und diese Unglücksgefahr abwenden wollen, sollen an einem günstigen Tage den Tempel aufsuchen. Bei der Ankunft daselbst sollen sie

---

[1] Das Blatt gibt als Jahre der großen Gefahr an für Männer 41, 42 und 61, für Frauen 32,33 und 61; als Jahre der kleinen Gefahr für beide Geschlechter 1, 6, 7, 15, 16, 19, 24, 25, 28, 34, 37, 43, 46, 51, 52, 55, 60, 64, 69, 69, 70, 78, 79, 82.

zunächst ein Paar neue Strohsandalen kaufen und am Gefahrhügel, die Männer am Männerhügel, die Frauen am Frauenhügel, angelangt, diese Sandalen anziehen und die Steinstufen des Gefahrhügels, die Männer 42, die Frauen 32 hinaufsteigen, dabei auf jeder Stufe einen Rin, fünf Rin oder auch einen Sen niederlegen. Um die Gefahr der Männer wie der Frauen zu bannen, ist nämlich unter dem Männer- und unter dem Frauenhügel das Yakushi-Sutra tausendmal, je ein Schriftzeichen auf ein Steinchen, abgeschrieben und dort vergraben worden. Die Sandalen muß man oben auf dem Hügel lassen und dann den in dem Emadô (Votivarium) befindlichen Weihrauchmörser anschlagen, doch nur so oft, als die Zahl der eignen Lebensjahre beträgt. Dann muß man alle übrigen Gebäude des Tempels besuchen und zuletzt vor dem Zuigutô[1] das Gong[2] anschlagen, so oft, als die Zahl der eignen Lebensjahre beträgt. Dann stifte man in der Haupthalle eine Gefahrbannungslampe und lasse sich einen Gefahrbannungssegen geben, gehe in die Geschäftsstelle und bestelle dort Gefahrbannungsgebete.'"

Während hier, wie man aus dem vergrabenen Yakushi-Sutra sehen kann, die Beziehung zum Daishi mehr historisch und der eigentliche Nothelfer der große Krankenheiler Yakushi ist, gibt es anderswo in Shi-

---

[1] Zuigutô bedeutet eigentlich Tempel (o. Kapelle) des Daizuigu Bosatsu (Mahâpratisarâ), der im Mikkyô Yogwan Kongô „der Gebetserhörende Diamant" heißt, weil er sicher die Gebete erhört. Wahrscheinlich sind auch unter dieser Kapelle auf Stein geschriebene Zeichen des Daizuigu Darani-Sutra vergraben.

[2] jap. „keiban" oder „kei", s. Abb. bei Brinkley.

koku und auch sonst in Japan Statuen des Daishi, welche Yakuyoke-Daishi genannt werden. Takeda Toyoshiro hat in der Zeitschrift Mikkyô untersucht, wie weit solche Gefahrbannstatuen auch von anderen Personen und Gottheiten existieren und kam zu dem Ergebnis, daß die Yakuyoke-Daishi zahlreicher sind als alle anderen Statuen zusammengenommen. Außer den Daishi-Statuen kamen die der Kwannon, des Jizô und des Yakushi vor. Viele dieser Statuen werden dem Daishi selbst zugeschrieben, doch sollen Kronprinz Shôtoku und Nichiren Shônin ebenfalls solche Bannbilder geschnitzt und aufgestellt haben. Von den Yakuyoke-Daishi ist jedoch keiner in einem Wallfahrtstempel selbst als Hauptgottheit aufgestellt, wenn auch der 20. Tempel eine solche Statue besitzt.

Die bekanntesten sind zwischen dem 53. und dem 54. Tempel in dem Henjôin zu Kikuma, einem Tempel, der als Bangai Fudasho (außerhalb der Reihe liegender Zettelplatz) von sehr vielen Pilgern besucht wird, und in dem Konkôzan (oder Kinkôzan) Senryûji, dem Allerheiligsten des 65. Wallfahrtstempels. In beiden Tempeln ist heute Kôbô Daishi die Hauptgottheit, doch konnte ich wenigstens von dem Henjôin feststellen, daß dort ursprünglich Yakushi Nyorai verehrt wurde. Man sieht also, wie die Gestalt des Daishi sogar andere Gottheiten zu verdrängen imstande ist. Takeda bezeichnet diese Verehrung des Daishi als Bewahrer vor Gefahren als die Haupterscheinung des japanischen Volksglaubens, soweit dieser den Daishi betreffe. Nach meiner Meinung erschöpft sich darin die Bedeutung des Daishi in dem Volksglauben der

Japaner nicht, sondern ich möchte darin vor allem einen wichtigen Ansatz sehen zu der im nächsten Kapitel zu besprechenden Entwickelung der Daishigestalt zu der eines religiösen Mittlers.

Schluß

ZUSAMMENFASSUNG.

Wir kommen zum Schlusse. In den vorausgehenden Kapiteln war versucht worden, dem Leser eine Darstellung des Phänomens der Shikoku-Wallfahrt zu geben. Indem wir von dem geistigen Begründer ausgehend kurz die Entstehung der Wallfahrtssitte verfolgten, dann die vier Länder und ihre Tempel betrachteten und uns schließlich dem Pilger, seiner Ausrüstung und seinen Bräuchen zuwandten, mit ihm vor die Hallen des Tempels traten und mit ihm seine einfache Herberge aufsuchten, rundete sich allmählich das Bild und gewann, so hoffen wir, eine gewisse Klarheit und Lebendigkeit. Aber noch werden sich einige fragen, worin denn nun eigentlich die besondere Bedeutung der Shikoku-Wallfahrt liege, durch die sie sich von anderen Wallfahrten unterscheidet. Ist es nur der Umstand, daß die Wallfahrer auf der Vierländerinsel zahlreicher sind als auf anderen Wallfahrtsstraßen? Mit anderen Worten: Ist es nur sozusagen ein Gradunterschied, der die 88 Tempel in ihrer Bedeutung als Wallfahrtsstraße auszeichnet, oder ist noch etwas Besonderes, wesenhaft Verschiedenes festzustellen?

Um zunächst das Religiöse ganz auszuschalten: die volkserzieherische Bedeutung einer jeden Wallfahrt ist bekannt. Sie war vielleicht in früheren Zeiten noch größer, als die Leute noch nicht so leicht und so viel reisen konnten wie heutzutage. Aber selbst in der Gegenwart ist es nicht gleichgültig, wenn jedes Jahr Tausende und Abertausende ihre Heimat verlassen und als Pilger durch einen Teil ihres Vaterlandes ziehen, den sie unter anderen Umständen wohl nie in ihrem Leben besucht hätten und auch später kaum wieder besuchen werden. Wie viele Anregungen bringen sie mit nach Hause, wie stärkt sich das Gefühl der Zusammengehörigkeit als Volksgenossen, wenn sie mit Pilgern aus anderen Provinzen zusammen wandern, wie mancher merkt auf der Wallfahrt zum ersten Male so recht, daß hinter den Bergen auch Leute wohnen! Was diese Bedeutung der Wallfahrt anlangt, so zeichnen sich die 88 Tempel dabei zwar nur gradmäßig aus, aber es bleibt immerhin auch hier schon ein besonderer Punkt zu beachten, den wir schon eingangs kurz berührten und dann bei dem Kapitel „settai" ausführlich besprachen: nirgends finden die Pilger auch nur annähernd eine so große Anteilnahme der Bevölkerung als gerade in Shikoku. Die erzieherische Bedeutung bleibt also nicht auf die Pilger beschränkt, sondern erstreckt sich ebenso auf die Bewohner der vier Länder, durch sie ziehen.[1]

Auch volkswirtschaftlich ist die Sitte der Wallfahrt nicht ohne Bedeutung. Unzweifelhaft bringt sie in den meisten Fällen eine Stärkung der Gesundheit der betreffenden Pilger, eine Stärkung, die sich nachher in

---

[1] Wie hoch die erzieherische Bedeutung der Wallfahrt von Japanern eingeschätzt wird, zeigt die gemeinsame Herausgabe eines „Landwirtschaftlichen Führers längs der Shikoku-Wallfahrtsstraße" durch die landwirtschaftlichen Vereine der vier Provinzen Shikokus (Matsuyama, Sept. 1929). Gerade auf diesem Gebiete weist Shikoku auch für Japaner genug Seltsames auf, abgesehen von einer großen Anzahl vorbildlich geführter genossenschaftlicher Betriebe, auf die der 242 Seiten starke Führer ebenfalls hinweist.

erhöhter Leistung wirtschaftlich bemerkbar machen wird. Was jedoch insbesondere die wirtschaftliche Bedeutung für Shikoku betrifft, so hat jemand gesagt, die Einrichtung der Wallfahrt sei das schönste Vermächtnis des Daishi an seine engere Heimat gewesen, das er ihr hätte machen können, denn auf diese Weise kämen jährlich Hunderttausende von Yen ins Land. Wie wir sahen, nimmt beinahe jeder Pilger als Reisekosten 30—60 Yen, in vielen Fällen sogar noch mehr mit; nimmt man an, daß von den 30 000 Leuten, die jährlich durch Shikoku ziehen, auch nur ein Drittel von auswärts kommen — wahrscheinlich sind es mehr — so erhält man schon die hübsche Summe von 3—600 000 Yen, die durch die Pilger ins Land hereingebracht werden. Dazu kommt noch, daß einzelne Tempel, wie z. B. der 54. und der 61., von überall im Lande her mit Geldmitteln unterstützt werden. Auch bei Neubauten fließen durch Stiftungen beträchtliche Summen von auswärts nach Shikoku. So wurden z. B. bei dem Neubau des 64. Tempels der steinerne Eingang von Okayama, die zu den beiden Haupthallen führenden Steinfließen von der Provinz Bitchû, das Bauholz von einem reichen Kaufmann aus Osaka gestiftet usw. Man könnte daher sagen, daß durch das „settai" nur der Segensstrom wieder zum Teil zurückfließe, der sich alljährlich über Shikoku ergießt, lägen nicht in Wirklichkeit die Dinge so, daß diejenigen, welche das „settai" spenden, in der Regel nicht zu den direkten Empfängern des goldenen Segens gehören.

Was die Bedeutung der Wallfahrt in religiöser Hinsicht betrifft, so ist auch hier anderen Wallfahrten gegenüber zunächst nur ein Gradunterschied festzustellen, indem gesagt werden kann, daß die Shikoku-Wallfahrt vermöge der großen Anzahl der jährlich sie unternehmenden Pilger in hervorragendem Maße an der Hebung und Befestigung der Volksfrömmigkeit beteiligt ist. Für Viele ist und bleibt die Wallfahrt, zu welchen Tempeln es auch sei, das große religiöse Erlebnis ihrer Tage, insbesondere ist dies aber in Shikoku der Fall, wo der modische und der Vergnügungsfaktor, man kann wohl sagen, ganz ausgeschaltet sind. Aber darüber hinaus zeigt die Shikoku-Wallfahrt eine Erscheinung, die sie vor allen anderen Wallfahrten auszeichnet. Wir lassen die Frage beiseite, die Tomita aufwirft, ob sich nicht der Berggipfelbuddhismus in Shikoku am reinsten erhalten habe; die Erscheinung, die nach unserer Ansicht den 88 Heiligen Stätten einen ganz besonderen Sinn verleiht, ist die merkwürdige Tatsache, daß Kôbô Daishi für den Durchschnittspilger mehr und mehr zu einer Art Mittler wird, durch dessen Gnade er den Weg zum Nirwana findet. Das Shingon — nicht die offizielle Dogmatik, wohl aber der allgemeine Volksglaube — macht so eine Wandlung durch, von der sich Kôbô Daishi selbst nie etwas hätte träumen lassen. Ein Wort wie das von Jesu überlieferte „Niemand kommt zum Vater denn durch mich" suchen wir vergebens unter all den vielen Schriften des Daishi und doch ist es heute so, daß „Daishi no go riyaku" (die Gnade des Daishi) und „Namu Daishi Henjô Kongô" (Ich vertraue dem Daishi, dem Alleserleuchtenden, dem Diamanten) auf der Pilgerstraße, aber auch weit darüber hinaus, eine Rolle spielen, die sich schon stark der des Erlösers der christlichen Kirchen nähert. Möglich war diese Entwicklung dadurch, daß Kôbô Daishi eben als Inkarnation von Vairocana gilt, aber in erster Linie dazu beigetragen hat doch wohl die Shikoku-Wallfahrt, und es bleibt auffällig, daß Vairocana so ganz in den Hintergrund getreten ist, wenigstens, was den Volksglauben anlangt. Ist es nur das Bedürfnis des Volkes nach greifbaren Gestalten, das sich in diesem Falle an die überragende Persönlichkeit des Daishi geklammert hat, oder spielt eine unbewußte Beeinflussung durch den Amidaglauben mit ? Das sind Fragen, die sich erst auf Grund besonderer Studien und selbst dann vielleicht nur unvollkommen lösen lassen, die aber einer weiteren Untersuchung wert erscheinen. Ansätze zu der Entwickelung sind, wie oben schon gesagt wurde, in den Yakuyoke-Statuen zu erblicken sowie in der besonderen Bedeutung, die der Pilgerstab nach und nach auf der Shikoku-Wallfahrt erlangt hat. Auf jeden Fall stehen wir hier vor der Tatsache, daß auf diese Weise das Shingon seinem ursprünglichen Wesen entgegen für weite Kreise des Volkes, und wie das folgende zeigen wird, nicht nur für Laien, zu einer pistischen Religion (jap. „tariki shûkyô") wird.

Wir schließen diese Abhandlung mit der Wiedergabe eines Aufsatzes „Meine Wiedergeburt", der in einem Schriftchen „Shikoku Reijô" 1921 erschienen ist und als gute Erläuterung zu dem dienen kann, was oben über die Wallfahrt als religiöses Erlebnis gesagt wurde, zugleich aber, da der Verfasser ein Priester zu sein scheint, zeigt, daß die Entwickelung des Shingon zu einer pistischen Religion sich nicht nur auf Laien erstreckt:

„Meine Wiedergeburt."

Von Kobayashi Shôsei,

Direktor der Inkôsha, Tôkyô.

Wenn ich über meine seelische Verfassung beim Antritt meiner Wallfahrt im 40. Jahre Meiji (1907) im Alter von 32 Jahren sprechen soll, so muß ich zunächst bemerken, daß ich damals verschiedentlichen Kummer gehabt hatte und diesen durch die Wallfahrt überwinden wollte. Genaueres darüber zu schreiben, gäbe einen ganzen Band Gedichte, aber ich will zwei oder drei Gründe nennen. Erstens war ich unglücklich verliebt gewesen; im Lenz des Lebens Liebeskummer haben, das kommt ja sehr oft vor. Zweitens hatte mich der Zweifel gepackt. Wieso kamen mir die Leute nicht alle ehrlich entgegen, auch wenn ich selbst ehrlich (gegen sie) war? Wieso bin ich überhaupt von Zweifeln geplagt, obwohl ich es durchaus ehrlich meine? Solche und andere Zweifel machten mir unendlich zu schaffen und quälten mich. Drittens bekümmerte mich mein Versagen gegenüber meinen Schülern, die Unzulänglichkeit meiner Ausbildung, so daß ich die Schüler nicht ordentlich erziehen konnte und so mich selbst und sie zum Versagen führte. Viertens war ich in Trauer wegen meiner Mutter Tod usw. usw. – ich könnte noch lange aufzählen. Kurzum, ich war ein Kind des Kummers, fühlte mich in Trauer gefangen und hoffte nun diesen Kummer durch die Person des Daishi und durch mein eigenes umfassendes Erlebnis zu lösen. Ich wollte das Gefühl des Befreitseins kosten, und wenn mir das nicht gelang, konnte ich ebensogut sterben. So faßte ich den großen Entschluß und machte mich auf die Fahrt. Damals litt ich bestimmt an Nervenzusammenbruch. Was auch Andere taten oder sprachen, ging mir zu Herzen, ohne daß ich etwas dagegen tun konnte, und wenn ich diesem Zustande nicht ein Ende machen könnte, dachte ich, wäre es besser zu sterben. Meine Stimmung war damals, wie wenn jemand mit der baren Faust eine Eisenplatte durchschlagen wollte.

Ich machte mich also auf die Wallfahrt und durchzog Iyo und dann Tosa, ohne eine besondere Veränderung zu spüren. Aber in Tosa ging dann eine psychologische und physiologische Veränderung mit mir vor. Ich empfand, wie klein meine Kraft, wie zahlreich meine Fehler, wie äußerst schwach ich selbst sei, und dieses Empfinden ward immer stärker. Auch als ich dann nach Hause zurückgekehrt war, kam dieser Wandel immer stärker über mich, psychologisch wie physiologisch.

Gesichtssinn:	Buddhagestalten in allen Größen flimmern vor meinen Augen.
Gehör:	Ich höre Musik von weitem her in tiefer Nacht.
Geschmack:	Pickles und ähnliche Dinge schmecken mir auf einmal süß.
Gefühl:	Ich habe das Gefühl, als ob aus meinem Schöße Blut flösse.
Gedächtnis:	Ich habe das Empfinden, als ob es überaus stark geworden sei.

Ich wunderte mich, ob ich nicht verrückt geworden sei und dachte, daß ich von einem Zemma (Zen-Teufel) befallen sei. Ich las das „Zenbamonmitsu Jidai Hômon" des Chisha Daishi[1] und es ward mir mehr und mehr zur Gewißheit, daß ich der Zen-Krankheit[2] verfallen war. Ich strengte mich sehr an, um meinen Geist wieder zum normalen Zustand zurückzubringen. Wenn ich heute zurückdenke, wie ich so ohne Meister nur der eigenen Erleuchtung folgend war, so war es wirklich eine große Gefahr, aber es scheint, daß ich mitten im Tode das Leben fand. Endlich fühlte ich mich wieder normal und seither ist mein Körper, von selbstverschuldeten Erkältungen abgesehen, gesund, mein Geist frisch, meine zehngradige Kurzsichtigkeit ist fast ganz von mir genommen, eine Erkrankung der Nase, an der ich litt, vollständig geheilt. Meine Gefühlskraft (Eindrucksfähigkeit?) hat zugenommen und ich habe Lust am Malen, obwohl ich früher nie daran gedacht hätte, je wie ein Maler ein Bild zustandezubringen. Der Umfang und die Tragweite meiner Stimme nehmen täglich zu, ja ich fühle mich durch die

---

[1] Chisha Daishi ist ein chinesischer Priester, der Begründer der Tendaisekte. Das angegebene Werk konnte ich im Bukkyô Daijiten nicht finden; vielleicht handelt es sich um einen Druckfehler (Zenbaramitsu statt Zenbamonmitsu).

[2] Zen-Krankheit, jap. „zembyô", ist nach Bukkyô Daijiten eine buddhistische Bezeichnung für Geistesgestörtheit, welche auf Besessenheit von Geistern zurückgeführt wird. Ich glaube jedoch — in Übereinstimmung mit mehreren von mir darüber befragten Japanern —, daß das Wort „zembyô" hier eine durch das Dhyana (jap. „zen") hervorgerufene Geistesgestörtheit bedeutet.

Gnade des Daishi wie neugeboren. Jetzt denke ich daran, was für ein kümmerliches Wesen ich vorher war, ohne Bewußtsein, wie ein Staubkorn, und auf Grund meiner Fortschritte im Glauben fordere ich auch Andere zur Wallfahrt auf, die ich selbst trotz meines hohen Alters noch zweimal gemacht habe. Auch meine Schüler sind gegangen und meine Freunde desgleichen.

Aber, wer auf Wallfahrt geht, muß

erstens: ohne jegliche Begierde sein,

zweitens: unbedingt glauben,

drittens: in der Anstrengung ausharren.

Wer diese drei wichtigen Punkte beachtet und nur den Daishi im Herzen hat, auf den wird der Daishi selbst seinen wunderbaren Glanz leuchten lassen.

„Namu Daishi Henjô Kongô!"

Anhang

A. Liste der 88 Tempel.

Allgem. Bemerkung:

In den Führern von heute werden die Tempel im allgemeinen nur noch mit zwei Namen angegeben, dem sogenannten Bergnamen, der meistens, aber nicht immer, auf -san (-zan) = Berg[1] ausgeht und so auf die chinesischen Bergtempel hinweist, die ursprünglich die Mutterklöster der japanischen Glaubensstätten waren, und dem eigentlichen Tempelnamen, der gewöhnlich auf -ji, seltener auf -tera (-dera) endigt. Die älteren Quellen geben uns dazu meist noch einen dritten auf -in[2] ausgehenden Namen, den ich jedoch in nachstehender Liste nicht anführe, da er überhaupt nicht mehr gebraucht wird und ohne besondere Bedeutung, ja fast ganz unbekannt ist. Nur bei Tempel 79 fehlt schon in den frühesten Büchern die -ji Bezeichnung und ist durch eine auf -in ersetzt. Die unter nationalem Denkmalschutz stehenden Statuen[3] der Hauptgottheiten sind durch (!) gekennzeichnet; es gibt

---

[1] Zur Aussprache von „san": Die zur Feststellung der Namen herangezogenen Führer Shikoku Henro Dôgyô Futari und Shikoku Reijô Reisan geben bei kleineren Abweichungen für drei Viertel aller Namen die stimmhafte Aussprache „zan" an; nur bei einem Viertel haben beide Führer „san" und zwar steht es in diesen Fällen nach kurzem Vokal oder aus chin. „ing" entstandenem „ei" bzw. „yo" (Nr. 7, 8, 65).

[2] „in" = Amt, Schule, Gebäude für religiöse Zwecke, heute u. a. auch von Missionsschulen gerne gebraucht (Meiji Gakuin, Kwansei Gakuin usw.)

[3] Bei Tempel 68 handelt es sich um ein gemaltes Bild.

aber außerdem eine ganze Reihe von Gebäuden, Statuen und anderen Kunstschätzen, die gleichfalls unter Denkmalsschutz gestellt sind. Abweichungen der heutigen Namen von den in älteren Quellen angegebenen finden sich in 21 Fällen, doch handelt es sich meist nur um veränderte Schreibungen, wofern sich nicht bei der Trennung von Buddhismus und Shintô nach der Restauration Verschiebungen ergaben (T. 13, 30 usw.). Interessant ist jedoch, daß der mit Tempel 64 übereinstimmende Bergname Ishitetsuzan des Tempels 60 jüngeren Datums ist; er heißt in den alten Führern Bukkôsan (wie Nr. 78). Die Lesung ist die in den heutigen Führern angegebene, obwohl nach buddhistischer Gepflogenheit das eine oder andere Zeichen verschieden gelesen werden müßte.

Nr.	Bergname	Tempelname	Hauptgottheit	Gründer
1.	Chikuwasan	Reisanji (Ryôsenji)	Shaka Nyorai	Gyôgi Bosatsu
2.	Nisshôzan	Gokurakuji	Amida Nyorai (!)	Gyôgi Bosatsu
3.	Kin(w)ôzan	Konsenji	Shaka Nyorai	Gyôgi Bosatsu
4.	Kokuganzan	Dainichiji	Dainichiji Nyorai	Nicht genannt
5.	Mujinzan	Jizôji	Shôgun Jizô Bosatsu	Kôbô Daishi
6.	Onsenzan	Anrakuji	Yakushi Nyorai	Kôbô Daishi
7.	K(w)ômyôsan	Jûrakuji	Amida Nyorai	Kôbô Daishi
8.	Fumyôsan	Kurodanji	1000 händige Kwannon	Kôbô Daishi
9'.	Shôkakuzan	Hôrinji	Nehan no Shaka Nyorai	Kôbô Daishi
10.	Tokudosan	Kirihataji	1000 händige Kwannon	Kôbô Daishi
11.	Kongôzan	Fujiizenji	Yakushi Nyorai	Kôbô Daishi
12.	Marosan	Shôsanj i	Kokûzô Bosatsu	En no Gyôja
13.	Ogurizan	Dainichiji	11 gesichtige Kwannon	Nicht angegeben
14.	Seijuzan	Jôrakuji	Miroku Bosatsu	Kôbô Daishi
15.	Yakuôzan	Kokubunji	Yakushi Nyorai	Auf Befehl d. Kaisers Shômu
16.	K(w)ôkizan	Kwannonji	1000 händige Kwannon	Kôbô Daishi
17.	Rurisan	Myôshôji (Idoji)	Yakushi Nyorai	Shôtoku Taishi

Nr.	Bergname	Tempelname	Hauptgottheit	Gründer
18.	Boyôzan	Onsanji	Yakushi Nyorai	Gyôgi Bosatsu
19.	Ma-nisan	Tatsueji (Tachieji)	Jizô Bosatsu	Gyôgi a. Bef. d. Kaisers Shômu
20.	Reishûzan	Kakurinji	Shôgun Jizô Bosatsu (!)	Kôbô Daishi
21.	Shashinzan	Dairyûji	Kokûzô Bosatsu	Kôbô Daishi
22.	Hakusuizan	Byôdôji	Yakushi Nyorai	Kôbô Daishi
23.	I(w)ôzan	Yakuôji	Yakushi Nyorai	Gyôgi Bosatsu
24.	Murotozan	Saimisakiji (Higashidera)	Kokûzô Bosatsu	Kôbô Daishi
25.	Hôjuzan	Tsushôji (Tsudera)	Jizô Bosatsu	Kôbô Daishi
26.	Ryûtôzan	Kongôchôji (Nishidera)	Yakushi Nyorai	Kôbô Daishi
27.	Chikurinzan	Kônomineji	11 gesichtige Kwannon	Gyôgi a. Bef. d. Kaisers Shômu
28.	Hôkaizan	Dainichiji	Dainichi Nyorai	Gyôgi Bosatsu
29.	Ma-nisan	Kokubunji	1000 händige Kwannon	Gyôgi Bosatsu
30.	Momoyama	Anrakuji	Amida Nyorai	Nicht angegeben
31.	Godaisan	Chikurinji	Monju Bosatsu (!)	Gyôgi Bosatsu

Nr.	Bergname	Tempelname	Hauptgottheit	Gründer
32.	Hachiyôzan	Zenjihôji (Minedera)	11 gesichtige Kwannon	Gyôgi Bosatsu
33.	Kôfukuzan	Sekkeiji	Yakushi Nyorai	Kôbô Daishi
34.	Motoosan	Tanemaji	Yakushi Nyorai	Shôtoku Taishi
35.	I(w)ôzan	Kiyotakiji	Yakushi Nyorai	Gyôgi Bosatsu
36.	Dokkosan	Seiryûji	Namikiri Fudô Myôô	Kôbô Daishi
37.	Fujiisan	Iwamotoji	Amida Nyorai	Nicht angegeben
38.	Ashizurizan	Kongôfukuji	1000 händige Kwannon	Kôbô Daishi
39.	Terayama	Enk(w)ôji	Ansan Yakushi Nyorai	Gyôgi a. Bef. d. Kaisers Shômu
40.	Heijôzan	Kwanjizaiji	Yakushi Nyorai	Kôbô Daishi
41.	Inariyama (Inarisan)	Ryûk(w)ôji	11gesichtige Kwannon	Kôbô Daishi
42.	Ikkwazan	Butsubokuji	Dainichi Nyorai	Kôbô Daishi
43.	Genk(w)ôzan	Akeshiji	1000 händige Kwannon	Jugen Sonja
44.	Sugôzan	Daihôji	11 gesichtige Kwannon	Auf Bef. d. Kaisers Mombu
45.	Kaiganzan	Iwayaji	Fudô Myôô	Kôbô Daishi
46.	I(w)ôzan	Jôruriji	Yakushi Nyorai	Gyôgi Bosatsu
47.	Kumanosan	Yasakadera	Amida Nyorai	En no Gyôja

Nr.	Bergname	Tempelname	Hauptgottheit	Gründer
48.	Kiyotakizan	Sairinji	11 gesichtige Kwannon	Gyôgi Bosatsu
49.	Sairinzan	Jôdoji	Shaka Nyorai	Gyôgi Bosatsu
50.	Higashiyama	Hantaji	Yakushi Nyorai	Gyôgi Bosatsu
51.	Kumanosan	Ishiteji	Yakushi Nyorai	Gyôgi Bosatsu
52.	Ryûunzan	Taisanji	11 gesichtige Kwannon (!)	Gyôgi Bosatsu, a. Bef. d. Kaisers Shômu
53.	Tsugasan	Emmyôji	Amida Nyorai	Gyôgi Bosatsu
54.	Kinkenzan	Emmyôji	Fudô Myôô	Gyôgi Bosatsu
55.	Betsugû	Nankôbô	Dai Tsûshô Butsu	Mombu von Ômishima verlegt
56.	Konrinzan	Taisanji	Jizô Bosatsu	Kôbô Daishi, a. Bef. des Kaisers Yômei
57.	Futôzan	Eifukuji	Amida Nyorai	Nicht angegeben
58.	Sareizan	Senyûji	1000 händige Kwannon	Auf Bef. d. Kaisers Tenchi
59.	Kink(w)ôzan	Kokubunji	Yakushi Nyorai	Gyôgi Bosatsu
60.	Ishitetsuzan	Yokomineji	Dainichi Nyorai	Nicht angegeben

Nr.	Bergname	Tempelname	Hauptgottheit	Gründer
61.	Sendanzan	Kôonji (Koyasu Daishi)	Dainichi Nyorai	Shôtoku Taishi
62.	Ichi no Miya	Hôjuji	11 gesichtige Kwannon	Auf Bef. d. Kais. Shômu
63.	Mikkyôzan	Kisshôji	Bishamonten	Nicht angegeben
64.	Ishitetsuzan	Maegamiji	Amida Nyorai	Nicht angegeben
65.	Yûreisan	Sankakuji	11 gesichtige Kwannon	Gyôgi Bosatsu
66.	Kyobetsusan	Umpenji	1000 händige Kwannon	Kôbô a. Bef. d. Kais. Saga
67.	Komatsu(w)osan	Daikôji	Yakushi Nyorai	Kôbô Daishi
68.	Kotohikizan	Hachimangû	Raikô no Amida Nyorai (!)	Nisshô Jônin, ein Heiliger der Hossôsekte
69.	Shichihôzan	Kwannonji	Shô-Kwannon	Kôbô Daishi
70.	Shichihôzan	Motoyamaji	Batô Myôô	Kôbô Daishi
71.	Kengozan	Iyadaniji	1ooo händige Kwannon	Gyôgi Bosatsu
72.	Gahaishizan	Mandaraji	Dainichi Nyorai	Nicht angegeben; Begräbnistempel v. Kûkai's Vorfahren
73.	Gahaishizan	Shusshakaji	Yakushi Nyorai	Kôbô Daishi

Nr.	Bergname	Tempelname	Hauptgottheit	Gründer
74.	I(w)ôzan	Kôyamaji	Yakushi Nyorai	Nicht angegeben
75.	Byôbu ga Ura	Zentsûji	Yakushi Nyorai	Kôbô's Geburtsstätte
76.	Keisokuzan	Konzôji	Yakushi Nyorai	Wake no Dôze Chôja
77.	Kuwatasan	Dôryûji	Yakushi Nyorai	Fürst Wake no Dôryû
78.	Bukk(w)ôzan	Gôshôji	Amida Nyorai	Gyôgi Bosatsu
79.	Kinkwazan	Kôshôin	11ges. Kwannon	Kôbô Daishi
80.	Hakugyûzan	Kokubunji	1000händ. Kwannon	Nicht angeg., wahrsch. Gyôgi a. Bef. d. Kaisers Shômu
81.	Ayautasan	Shiramineji	1000händ. Kwannon	Kôbô und Chishô Daishi
82.	Seihôzan	Negoroji	1000händ. Kwannon	Kôbô und Chishô Daishi
83.	Shimmôzan	Ichi no Miya	Sei-Kwannon	Unter der Reg. d. Kaisers Monbu

Nr.	Bergname	Tempelname	Hauptgottheit	Gründer
84.	Nammenzan	Yashimaji	1000händ. Kwannon	Der chinesische Abt Kanshin (Chien chên)
85.	Gokenzan	Yakuriji	Sei-Kwannon	Kôbô Daishi
86.	Fudarakuzan	Shidoji	11ges. Kwannon (!)	Die Nonne Sonoko, Reinkarnation des Monju Bosatsu
87.	Fudarakuzan	Naga(w)odera	Sei-Kwannon	Gyôgi Bosatsu
88.	I(w)ôzan	Ôkuboji	Yakushi Nyorai	Gyôgi Bosatsu

B. Liste von Ausdrücken und Redensarten, die sich auf die Wallfahrt beziehen oder von dem Pilger häufig gebraucht werden.

Nachstehende Liste erhebt keineswegs Anspruch auf Vollständigkeit, sondern beschränkt sich in der Hauptsache darauf, die in dem Buche vorkommenden Ausdrücke zum Zwecke besserer Übersicht zusammenzufassen. Eine gründliche Darstellung der Pilgersprache aus japanischer Feder wäre jedoch sehr wünschenswert.

Ajirogasa, Hut aus dünnem Bambusflechtwerk, der Pilgerhut früherer Zeiten.

Amagu, wörtl. Regenzeug, meistens ein Stück Ölpapier oder ein Radmantel („kappa") aus demselben Material; in früheren Zeiten auch eine Binsenmatte (s. „goza").

Ashinaka, *Ashinakazôri*, Strohsandalen, welche nur der eigentlichen Fußsohle eine Unterlage gewähren und die Ferse freilassen; heute nicht mehr gebraucht, nur eine kleine Nachbildung davon wird noch als Schuhzeug für den Daishi mitgenommen.

Bangai, außerhalb der Reihe der 88 Tempel liegende Kultstätte, die jedoch von den meisten Pilgern besucht wird und auch Stempel erteilt; einzelne der Bangai sind erwiesenermaßen alter Herkunft, doch gibt es viele neue und zweifelhafte darunter.

Byôkioroshi, wörtlich Krankheitherunterlassen, Wallfahrt zum Zwecke der Heilung von Krankheit.

Chôzu, Waschwasser.

Chôzubachi, Becken mit Wasser zum Reinigen der Hände.

Daisan, Stellvertretende Wallfahrt.

Daishi, *Kôbô Daishi*, der Begründer des Shingon in Japan.

Daishi no ana, „Daishilöcher", in Südtosa die Löcher der Kohlenmeiler.

Daishidô, die Daishihalle des Wallfahrtstempels.

Daishi no on hakiryô, „des Daishi Schuhzeug", s. ashinaka.

Daishi no hôgo, „des Daishi Juwelenname", der bei der Weihe zum Patriarchen des Shingon erhaltene Name „Henjô Kongô".

Daishi no kajimizu, an mehreren Stellen der Wallfahrt befindliche Quellen, die der Daishi durch Zaubergebete (kajikitô) zum Sprudeln gebracht haben soll.

Daishi no go yô, „des Daishi Bedarf", kleine Nachbildung eines Strohsackes, der als Gepäck für den Daishi mitgenommen wird, s. nidawara.

Daishi mo fude no ayamari, „auch des Daishi Pinsel schreibt mal falsch" = Irren ist menschlich.

Ishi wa Daishi no atama nari; nemutte mo fumubekarazu, „die Steine sind der Kopf des Daishi; selbst im Schlaf soll man nicht darauftreten" (Warnung an die Pilger ihre Füße zu schonen).

Kôya Daishi, der Kôya Daishi, bekanntestes Bild des D., der auf dem Priestersessel sitzend abgebildet ist.

Koyasu Daishi, „der kinderleichte D.", Statue des D. in dem Kôonji (Nr. 61) mit einem Kind, weit und breit als wunderkräftig bekannt.

Taiko wa Hideyoshi ni torare, Daishi wa Kôbô ni torareru, (Den Titel) Taiko hat Hideyoshi, (den Titel) Daishi Kôbô an sich gerissen. Sprichwort zur Kennzeichnung der Berühmtheit des Kôbô Daishi.

Yakuyoke Daishi, Statuen des Daishi, die die Kraft besitzen, die Gefahr gewisser Jahre zu bannen.

Dôgyô, Weggenosse.

Dôgyô futari, „zwei Weggenossen", Inschrift auf Zettel, Stock usw. des Pilgers, um darzustellen, daß man die Wallfahrt mit dem Daishi zusammen macht.

Eika, Go eika, die Hymnen der Tempel.

Emadô, das Votivarium des Tempels, die Halle, in der die Votivbilder hängen.

Fuda, O fuda, Zettel, den der Pilger an jedem Tempel und bei gewissen anderen Gelegenheiten abgibt.

Fudabasami, Zettelklammer, zwei Brettchen, zwischen denen der Pilger seine Zettel aufhebt.

Fudanagashi, „Zettelschwimmenlassen"; alljährliche Festlichkeit in Takahama bei Matsuyama, wobei sämtliche Zettel eines Jahres von den 10 Tempeln des früheren Daimyats Matsuyama (T. T. 44—53) dem Meere übergeben werden.

Fudasho, Tempel, an dem man den Zettel abgibt, Wallfahrtstempel.

F. wo osameru, den Zettel abgeben.

F. wo utsu, den Zettel „anschlagen", d. h. abgeben.

Goma, Gomashugyô, eine der wichtigsten Übungen der Geheimlehre des Shingon, eine Art Brandmesse, bei der unter Verbrennen von Holz, Laub und Weihrauch vor dem Bild der Gottheit Sutren gelesen werden.

Gomadan, Gomaaltar, der Platz, wo das Goma abgehalten wird.

Gomaden, Gomahalle; einige Tempel haben eine besondere Halle für das Goma, so Nr. 61.

Gomazu, Gomaessig, euphemistische Bezeichnung für den dem Pilger verbotenen Wein.

Gomen no watashi, „die Überfahrt der erlauchten Erlaubnis", Stelle der Wallfahrt, wo der Sage nach Kôbô dem Pilger erlaubt hat, ein Stück Schiff zu fahren.

Goza, Binsenmatte, früher allgemein von den Pilgern zum Schutz gegen Regen und Wind umgehängt, heute in Shikoku nur noch von den zum Berge Tsurugi Pilgernden getragen.

Gyaku: Jumpai wo gyaku ni suru, in entgegengesetzter Richtung wallfahren.

Hakui no kimono, das weiße Pilgergewand.

Hendo, dialektische Nebenform für „henro".

Henjô Kongô, „der Alles Erleuchtende, der Diamant", der dem Kôbô Daishi bei der Weihe zum Patriarchen des Shingon verliehene Name.

Henrei, Wallfahrt.

Henro, ursprüngl. Wallfahrt, heute Bez. f. Pilger.

Henro no dôgu, Pilgerausrüstung.

Henro no fukusô, Pilgergewand.

Henrogu = H. no dôgu.

Henro no mi, henro no budô, „Pilgerfrüchte, Pilgerbeeren", volkstümliche Bezeichnung für gewisse wildwachsende eßbare Beeren.

Henromichi, Pilgerweg.

Henro no sekisho, Tempel, die dafür bekannt sind, daß an ihnen unbußfertige Pilger irgend eine himmlische Züchtigung erfahren. Als sekisho gelten vor allen Nr. 19 u. 40.

Hondô, Haupthalle des Tempels.

Hônô suru, chin. Lesung von „osametatematsuru", stiften.

Honson, Go Honson, Hauptgottheit eines Tempels.

Hora, Tritonmuschel, manchmal auch „hôra" genannt, um die erste Silbe an „ho", die buddhistische Lehre anzugleichen.

Hôtô, die zweistöckige Schatzpagode eines Tempels.

Inge, höfliche Bezeichnung für den Abt des Tempels.

Ingen, Ingensama, häufige dialektische Form des Vorigen.

Ishi wa Daishi no atama, s. „Daishi".

Izariguruma, Krüppelwagen gelähmter Pilger.

Joshûsha, „Gewohnheitler", einer, der die Wallfahrt als Beruf betreibt.

Jun: Henrei wo jun ni suru, in gerader Richtung wallfahren.

Jun: „Anata wa jun desu ka gyaku desu ka", „Wallfahren Sie in gerader Richtung oder umgekehrt?"

Jumpai, Wallfahrt.

Jumpaisha, Wallfahrer.

Junrei, Wallfahrt.

Jûshoku, Abt oder leitender Priester eines Tempels.

Juzu, Rosenkranz.

Kaichô, Go kaichô, feierliche Enthüllung eines Buddhabildes.

Kaiki, Gründung eines Tempels.

Kaisan, Gründung eines Tempels, bes. mit Bez. auf Bergtempel.

Kajikitô, Zaubergebete.

Kajimizu, durch Zaubergebete zum Sprudeln gebrachte Quellen.

Kakezure, „Anhänger", Weggenossen, die sich einem, oft in betrügerischer Absicht, unterwegs anschließen.

Kanetsukidô, Glockenturm.

Kasa, kurze Bezeichnung für den Pilgerhut.

Katajikenaku, „ergebenst", häufige Dankesformel der Pilger beim Empfang von Gaben.

Kongôzue, „Diamantstab", der Pilgerstab.

Kôya Daishi, s. „Daishi".

Koyasu Daishi, s. „Daishi".

Kuwazu imo, eine der „satoimo" (colocasia antiquorum) ähnelnde Pflanze, deren Knollen jedoch ungenießbar sind, der Sage nach wegen einer Verwünschung des Daishi; wahrscheinlich handelt es sich um eine in den Tropen einheimische giftige Abart, da sie an dem Kap Muroto vorkommt.

Kuwazu kai, „ungenießbare Muscheln", versteinerte Muscheln, die in 3—400 m Höhe am 27. Tempel gefunden werden und der Sage nach durch einen Fluch des Daishi versteinert wurden.

Kuwazu nashi, „ungenießbare Birnen" am 84. Tempel; Erklärung ähnlich den Vorigen.

Kyahan, Gamaschen.

Kyô, Sutra.

Kyôkatabira, das weiße Pilgergewand.

Kyôzô, „Sutrenspeicher", ein sechseckiges Gebäude zum Aufbewahren der Sutren.

Mairi, Wallfahrt.

O mairi de gozaimasu, häufiger Gruß sich begegnender Pilger, etwa „Wallheil!"

Mairimichi, Pilgerweg.

Mamori, On mamori, Schutzsegen.

Mawaru, „herumlaufen", pilgern.

Meguru, dass.

O meguri, Wallfahrt.

Mentsû, ein um den Hals gehängtes, vorne auf der Brust getragenes Kästchen zur Aufnahme der Gaben, heute wenig gebräuchlich.

Môde, Besuch eines Tempels.

Môderu, einen Tempel besuchen.

„*Namu Daishi Henjô Kongô*", „Ich vertraue dem Daishi, dem Alles Erleuchtenden, dem Diamanten"; Gebetsformel des Pilgers, auch als Gruß oder zum Dank beim Ausüben des Shugyô gebraucht.

„*Nama daikon hendo ni kuwase*", „Gib dem Pilger einen rohen Rettich zu fressen!" Scherzhafte Verdrehung des Vorhergehenden, von den Kindern manchmal den Pilgern nachgerufen, um ihren guten Appetit zu kennzeichnen.

Nidai, Traggestell für das Gepäck.

Nidawara, Gepäcksack; ursprünglich ein gewöhnlicher Strohsack zur Aufnahme der mitzunehmenden Sachen; eine kleine Nachbildung wird heute noch als „Daishi no Go Yô" mitgenommen.

Nidora, dialektische Nebenform des Vorigen.

Nigôri, Gepäckkorb.

Nôkyô, Schriftopfer; ehemals Darbringung eines Sutra oder eines Teiles desselben, heute durch Geld abgelöst.

Nôkyôchô, Schriftopferregister; das Buch, in das der Pilger sich an jedem Tempel Einträge machen und Stempel eindrucken läßt.

Nôkyôhon, Schriftopferbuch; andere Bez. d. Vor.

Nôkyôkaki, „Schriftopferschreiber"; der Mann, der die Einträge in das Nôkyôchô macht.

Nôkyôsho, Schriftopferplatz; der Schalter, an dem das Schriftopfer erledigt wird.

Nôsatsu, chin. Bez. für „fuda".

Nôsatsu suru, seinen Zettel abgeben.

Nyonin kinsei, Frauenverbot; Verbot für Frauen, gewisse heilige Stätten zu betreten, heute nur noch in kümmerlichen Resten erhalten.

Oidai = nidai.

Oizure, Traglast mit einem kleinen Heiligenschrein und mit oben befestigtem Hut.

Oku no in, „der innerste Tempel", ein meist noch tiefer als der Wallfahrtstempel in den Bergen gelegener Tempel, den man auch als das „Allerheiligste" des Wallfahrtstempels bezeichnen könnte.

Osameru, stiften.

Osametatematsuru, dasselbe, höflichere Bezeichnung.

Reimairi, On reimairi, die Dankeswallfahrt; zum Dank für die Erfüllung eines Gebetes wiederholte Wallfahrt.

Reimawari, On reimawari, „Dankesrunde", dass. wie das Vorige.

Rei-, in Zusammensetzungen: heilig.

Reiboku, heiliger Baum.

Reijô, heilige Stätte, Bez. d. Wallfahrtstempel.

Reiken, heiliges Zeichen, heilige Wirksamkeit, Wunderkraft.

Reisatsu, heiliger Tempel, bes. wunderkräftiger Tempel.

Reisen, heilige Quelle, wunderkräftige Quelle.

Rin, Glocke des Pilgers.

Riyaku, Go riyaku, die Gnade oder der Segen (des Daishi)

Ryôbu Shintô, „zweifacher Shintô", Lehre des Shingon, wonach die „kami" und die „hotoke" identisch sind.

Saikô, Saikyô, Neugründung eines alten verfallenen Tempels.

San-ebukuro, Sanya, um den Hals gehängte Tasche zur Aufnahme von Gaben, heute meist nur von Priestern getragen.

Sangakubukkyô, Berggipfelbuddhismus

Sanya = San-ebukuro

Sekisho, s. „Henro".

Senkô, Weihrauch.

Settai, freiwillige Bewirtung und Dienste aller Art, die den Pilgern von den Bewohnern der Gegend geleistet werden.

Settaibune, Boote, welche im Frühjahr von Kyûshû und Kishû nach Shikoku kommen mit Gaben für die Pilger.

Shakujô, mit Ringen versehener großer Pilgerstab.

O Shikoku, die Shikoku-Wallfahrt.

O Shikokusama, die Shikoku-Wallfahrt.

O Shikokumeguri, die Shikoku-Wallfahrt.

Shingwan, Herzenswunsch, bzw. das zur Erfüllung dieses Wunsches getane Gelübde.

„*Shingwan ga aru*", „Ich habe ein Gelübde getan".

Shinjin, „frommes Herz", Frömmigkeit.

Shôjin, Fasten.

„*Go shôjin desu ka*", „Fasten Sie?"

Shugyô, eigentlich: Übung; unter Hersagen von Gebeten vor die Türen fremder Leute treten, um diesen Gelegenheit zu geben, ihre Mildtätigkeit zu bezeigen; heute oft als Synonym für Betteln gebraucht.

Shugyô ni kakaru, sich ans „shugyô" machen.

Shugyô wo suru, „shugyô" treiben.

Shirishiki, Sitzschurz; ein Stück Tuch oder auch Leder, das als Unterlage beim Sitzen dient.

Shirisuke, Shirizuke, dass. wie das vorige.

Takuhachi wo suru, „die Schüssel hinhalten", dass. wie „shugyô" treiben.

Tateishi, Wegweiser aus Stein.

Tekkô, Handschützer.

Tôri, O tôri, O tôrinasai, Weiter!, Bitte, weiter! (Ablehnung seitens des um Gaben Angegangenen).

Tosa wa onikuni, Tosa ist ein Teufelsland.

Tosa wa onna no jigoku, Tosa ist die Hölle der Frauen.

Tsue, O tsue, der Pilgerstab.

Tsûya, Übernachten im Tempel, meist mit religiösen Feiern wie „kaichô" verbunden.

Tsûyadô, Halle zum Übernachten der Pilger.

Utsu, schlagen, anschlagen; dann auch abgeben (den Zettel), sogar für das Besuchen eines Tempels gebraucht.

Uchimodori, Stelle, wo der Pilger dasselbe Wegstück hin- und zurückgehen muß.

Wakishi, Seiten- oder Nebengottheit; meist die zu beiden Seiten der Hauptgottheit stehenden Statuen.

Waraji, Strohsandalen.

Waranji, Strohsandalen.

Warozu, Strohsandalen, korrumpiert aus „waragutsu", Strohschuhe.

Yakuyoke, „ Gefahrbannung", Übungen zur Bannung der Gefahr gewisser Jahre.

Yakuyoke Daishi, s. „Daishi".

Zenkon suru, einen Pilger unentgeltlich beherbergen.

„Mada hayai ga, o shimainasai; zenkon shimasu yo", „Es ist zwar noch früh, aber machen Sie für heute Schluß; ich beherberge Sie".

Zenkonyado, Freiquartier bei frommen Leuten.

Zudabukuro, An der Seite herabhängende Tasche zur Aufnahme von Gaben.

C. Zwei Reisepässe.

Im folgenden gebe ich die Übersetzung zweier Reisepässe, die sich in meinem Besitz befinden. Der erste wurde mir durch die Freundlichkeit von Prof. Chokkô Kageura (Matsuyama) überlassen, ist von dem Schultheißen eines Dorfes ausgestellt und stammt aus dem Jahre 1823. Der zweite ist in einem Tempel ausgestellt und trägt die Jahreszahl 1812. Er war zum Bekleben einer Schiebetür des betreffenden Tempels verwandt worden, trägt keinen Stempel und ist daher wahrscheinlich ein zur Probe geschriebenes oder sonst aus irgend einem Grunde nicht zur Verwendung gelangtes Exemplar. Da er einige interessante Abweichungen im Text bringt, geben wir ihn hier mit dem anderen in der Übersetzung wieder.

I. Reisepaß.

Die Ehefrau Hisa und der Sohn Genjirô des Iuemon aus dem nachstehend bezeichneten Dorfe machen sich einem Gelübde zufolge demnächst auf den Shikoku-Rundweg (Shikoku Henro). Wir bitten daher, sie an den Grenzstellen der verschiedenen Länder (Provinzen) ohne Aufenthalt passieren zu lassen, insbesondere ihnen bei einbrechender Dunkelheit (o. wenn sie von der Dunkelheit überrascht werden) Unterkunft zu gewähren. Der Konfession nach gehören sie erwiesenermaßen seit Generationen der Shingonsekte an und sind Pfarrkinder des Suianji in dem nachstehend bezeichneten Dorfe. Auch im übrigen sind sie in jeder Hinsicht unverdächtig.

Vorstehenden Paß bestätigt

Provinz Iyo, Bürgermeisterei Niiya, Kreis Kita

Der Schultheiß des Dorfes Niiya

Tamai Jûsa(e)mon

Bunsei, 6. Jahr, im März.

An die Grenzstellen der Länder.

An die Herren Schultheißen.

II. Reisepaß.

Myôbô (Akifusa), Priester im Daionji, Dorf Tachibana, Kreis Onsen, Provinz Iyo.

Da der Obengenannte demnächst auf die Shikoku-Wallfahrt (Shikoku Jumpai) geht, werden die Grenzstellen der verschiedenen Länder (Provinzen) gebeten, ihn ohne Anstand passieren zu lassen. Der Konfession nach gehört er erwiesenermaßen der Shingosekte und zwar dem Tempel des Unterzeichneten an. Bei einbrechender Dunkelheit bitten wir ihm Unterkunft zu gewähren. Sollte er (unterwegs) krank werden und sterben, so bitten wir, ihn ohne weitere Mitteilung (wohl = Rückfrage) hierher nach dortiger Sitte zu begraben.

Vorstehenden Paß bestätigt zum Zwecke künftiger Einsichtnahme

Bunkwa, 9. Jahr, 5. Monat, 5. Tag.

(Tempel) Daionji

(Unterschrift und Stempel fehlen)

An die Beamten der Länder.

D. Bibliographischer Nachweis,

a) Biographien.

In der Sammlung Zoku Gunsho Ruiju, Abt. 8, Kap. 206—10 sind alle älteren Biographien abgedruckt.

Kûkai Sôzu Den, Verf.: Shinzei, Kôbô's Schüler, geschrieben 835, in jap. Übersetzung 1911 in Tôkyô erschienen

Zô Daisôjô Kûkai Wajô Denki, von einem Abte des Jôkanji 895.

Daishi Go Gyôjô Shûki, Verf.: Kyôhan, 8. Lehrenkel Kôbô's 1089.

Kôbô Daishi Go Den, Verf.: Ihô, Priester des Kongôbuji 1718.

Kôbô Daishi Gyôkeki, Verf.: Ryûkan, Priester des Kongôbuji, nach einem alten Buche 1825 zus. gest.

Kôya Daishi Go Kôden, Verf.: Shôken 1118, wiederholt kopiert, nach der Abschrift a. d. J. 1800 neugedruckt.

Kôden Ryakkôshô, Verf.: Dôhan 1234, nach der Kopie a. d. J. 1794 neugedruckt.

Kôbô Daishi Seiden, Verf.: Kôen 1834.

Kôbô Daishi Gyôjôki, Verf.: unbekannt, zwölf mit Bildern versehene Schriftrollen im Tôji zu Kyôto, neugedruckt in der Sammlung „Kokubun Tôhô Bukkyô Sôsho" Tôkyô 1925.

Von den in neuerer Zeit geschriebenen, meist in Traktatform erschienenen und zur Erbauung des Pilgers bestimmten Biographien habe ich folgende benutzt.

Gogaku no Kumo, übersetzt von Superintendent Dr. E Schiller, erschienen in den Mitt. d. G. f. N. u. V. O. Bd. XI, 4.

Kôbô Daishi Go Ichidaiki, Verf.: Shimura Shôsuke, Ôsaka 1922, mit Bildern, betont das Wunderbare.

Kôbô Daishi, Verf.: Miura Senshô, mit Vorrede v. Kageura Chokkô, Matsuyama 1917.

Kôbô Daishi no Go Itoku,Verf.: Hiroyasu Kyôjû, Kyôto 1903.

Kôbô Daishi Go Denki, Verf.: Renjô (Renshô ?) Kwanzen, Kyôto 1921, trotz des kleinen Umfangs von 104 Seiten ziemlich gut und apologetisch sehr geschickt geschrieben.

Kôbô Daishi Den no Kenkyû, Verf.: Makino Shinnosuke.

Außer den bisher angegebenen Werken wurden bei Abfassung der vorliegenden Arbeit folgende Bücher und Schriften benutzt (Wörterbücher wie Bukkyô Daijiten und Encycl. Jap. sind nicht besonders angeführt):

Iyo Shiseiki, Verf.: Kageura Chokkô. Matsuyama 1924. Eine sehr gediegene und ausführliche Arbeit über die Geschichte der Provinz Iyo.

Iyo Futanashû (Futana ist der alte Name von Iyo) Verfasser unbekannt; Neudruck 1925, besorgt von Soga Tan; ich durfte außerdem eine im Besitze Prof. Kageuras befindliche Abschrift a. d. Periode. Jôkyô benutzen.

Watakushi no mitaru Kôbô Daishi, Verf.: Nagata Hidejirô, Festrede, gehalten zu Ôsaka 1926, sehr lehrreich für die Ansichten eines Politikers, der es bis zum Gouverneur und später zum Bürgermeister von Tôkyô gebracht hat.

Mikkyô Hyakuwa, Verf.: Tomita Kôjun, Tôkyô 1925, Eine gedrängte Darstellung der Geheimlehre des Shingon.

Nippon Bunka to Bukkyô, Verf.: Tanimoto Tomi, 3. A. Tôkyô 1924.

Junreika no Shûkyô, Verf.: Inamura Shudô, Osaka 1927. Darstellung der buddhistischen Heilslehre (für Laien), in Anlehnung an die Go Eika der Saikokustraße, mit einem Anhang über die Herkunft der Saikoku-Wallfahrt etc.

Tosa Shiseki Jun-yû, Verf.: Teraiwa Shôro (Masamichi?), Kôchi 1927. Behandelt die meisten historischen Denkmäler der Provinz Tosa. In den Geist der Wallfahrt ist der Verfasser jedoch kaum eingedrungen, da seine Berührung mit den Pilgern eine sehr geringe und rein zufällige war.

Studies in Japanese Buddhism, Verf.: Reischauer. New York 1917.

Developments of Jap. Buddhism, Verf.: Lloyd, Transac tions of the Asiatic Society Vol. XXII. 1894.

Die kontemplativen Schulen des japanischen Buddhismus, Verf.: Haas, Mitt. d. Ges. f. N. u. V. O. A. Bd. X, 2.

Annalen des jap. Buddhismus, Verf.: Haas, Mitt. d. Ges. f. N. u. V. O. A. Bd. XI, 3.

Kirchenväter und Mahayanismus, Verf.: Lloyd, Ibidem, Bd. XI, 4.

Meishin to Igaku, Verf.: Gotô Michio, Kyôto 1921, behandelt in einem besonderen Abschnitt einige Fälle von Aberglauben bei den Shikokutempeln, leider nur der Provinz Awa.

Honchô Yakushi Nyorai no Shinkô, Verf.: Tanaka Kaiô, in der Zeitschrift Mikkyô Bd. III, S. I294ff.

Minkan Densetsu yori mitaru Shô Kûkai, Verf.: Takeda Toyoshirô, ibidem 1285 ff.

Shikoku Reijô, hrsg. von dem Hantaji-Schutzverein, 1922. (Enthält neben anderen Aufsätzen auch den Kageuras über die Festsetzung des Geburtsortes Kûkais. Der Hantaji ist der 50. Wallfahrtstempel.)

Kaizô izen ni okeru Kôyasan Bunkashi, Verf.: Nakata Hôjû, Ersch. 1921 (22 ?)

Ich unterlasse es, die von einzelnen Tempeln herausgegebenen mehr oder weniger ausführlichen Veröffentlichungen über die Geschichte und Bedeutung der betreffenden Wallfahrtsstätten einzeln anzuführen.

b) Reisebeschreibungen.

Kemmyô Gonsôjô, Kûshô Hôshinnô Shikoku Reijô Go Junpaiki (Kan-ei I5nen gatsu kara 2gatsu made) in der Sammlung: Kokubun Tôhô Bukkyô Sôsho, Kikôbu Tôkyô 1914.

Shikokuzaru (Pseud. f. Kan Kikutarô), Shikoku Jumpaiki, Tôkyô Niroku Shimbun 1903, April bis Juni.

Kanikumo (Pseud. f. Shinohara), Dôgyô Futari, E-hime Shimpô, Matsuyama 1926, September bis November.

Tomita Kôjun, Shikoku Henro, Tôkyô 1926.

c) Reiseführer.

Shikokudô Shi-nan, Verfasser: Shinnen, 1686 verf., i688ersch. (Osaka).

Shikoku Henreidô Shi-nan Sôho Daisei, Verfasser: Ueda, Neudruck a. d. J. 1836 (Ôsaka).

Shikoku Meishoshi, Verfasser: Tokunô Tsûgi, Matsuyama 1896.

Shikoku Henro Dôgyô Futari, Verfasser: Miyoshi Hirota, Osaka, 18. Aufl. 1925

Shikoku Reijô Reisan, Verfasser: Mutô Kyûzan, Matsuyama 1927.

Shikoku Reijo Annai (enthält v. jed. Tempel ein Bild), Verfasser: Kadoya Tsunegorô, Matsuyama, 2. Aufl 1924.

Shikoku Reijô Endô Nôgyô Annaiki, hgg. von den landwirtschaftlichen Vereinigungen der 4 Provinzen Shikokus, Matsuyama, 1929.

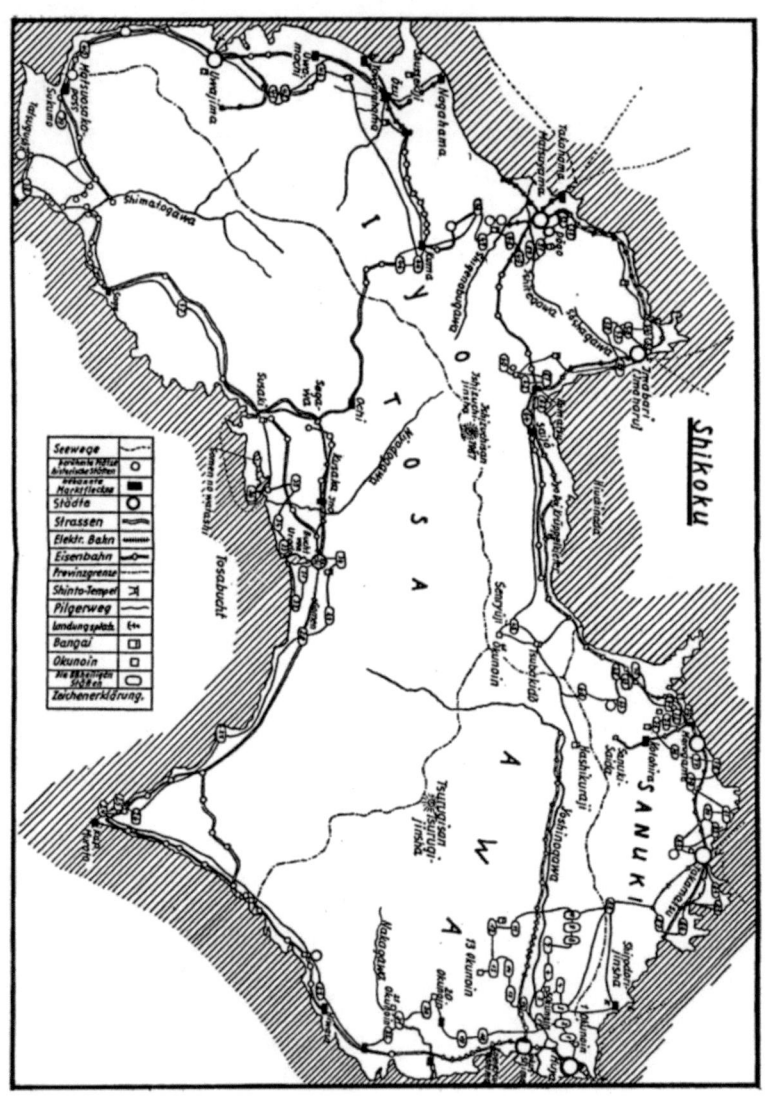

BILDERANHANG

Abb. 1: Geburtstempel des Kōbō Daishi, Tor und Galerie.

Abb. 2: Geburtstempel des Kōbō Daishi, Blick in den Tempelhof.

Abb. 3: Blick vom 10.Tempel in das Tal des Yoshinogawa.

Abb. 4: Szene am Nakagawa, zwischen dem 20. u. 21. Tempel.

Abb. 5: Blick auf Hiwasa vom 23. Tempel.

Abb. 6: Hafen von Tsuro (Tosa), im Vordergrunde zum Trocken
aufgehängte Haifischflossen und auf Darren in die Sonne gestelle
Tintenfische.

Abb. 7: Hafen von Tsuro (Tosa), die enge gefährliche Ausfahrt eines Tosa-Hafens.

Abb. 8: Sommer in Tosa, Straßenszene zw. d. 25. und 26. Tempel.

Abb. 9: Hondō von Tempel 37.

Abb. 10: Daishidō von Tempel 28.

Abb. 11: Tsudera (Nr. 25), Gesamtansicht.

Abb. 12: Blick vom Tsudera auf Kap Muroto (eine der acht
berühmten Landschaften Japans).

243

Abb. 13: Kormoranfischer mit ihren Tieren bei der Mittagsruhe
im Flußbett des Niyodogawa.

Abb. 14: Steilküste in der Nähe des 38. Tempels.

Abb. 15: Steilküste in der Nähe des 38. Tempels.

Abb. 16: Steilküste in der Nähe des 38. Tempels.

Abb. 17: Matsuozakatoge, Aussicht auf die Bucht von Sukumo.

Abb. 18: Das Flußbett des Shigenobugawa; der Pilgerweg führt
zwischen dem 47. und 48. Tempel mitten hindurch.

Abb. 19: Sonnenaufgang über der Bucht Hiuchinada in Iyo, Blick
vom 58. Tempel.

Abb. 20: Auf dem Wege zum höchsten Tempel der Wallfahrt, wo
die Grenzen von Iyo, Sanuki und Awa zusammenstoßen.

Abb. 21: Sanuki: Der alte Leuchtturm (Takatoro) von Kotohira.

Abb. 22: Wegweiser zwischen dem 42. und 43. Tempel.

Abb. 23: Gesamtansicht Tempel 23.

Abb. 24: Gesamtansicht Tempel 15.

Abb. 25: Gesamtansicht Tempel 11.

Abb. 26: Tempel 1, Niōmon.

Abb. 27: Tempel 70, Niōmon.

Abb. 28: Tempel 55, Niōmon.

Abb. 29: Tempel 40, Kuchenverkäuferin im Niōmon.

Abb. 30: Tempel 86, Blick vom Niōmon in den Tempelhof.

Abb. 31: Tempel 58, Blick auf Hondō mit Galerie zum Daishidō,
vorne rechts das Waschbecken.

Abb. 32: Tempel 27, Waschbecken; statt des Drachen speit ein Bambusrohr Wasser; links an einem kleinen Bambus d. Handtuch.

Abb. 33: Tempel 38, Hondō; Flachstil, unter Denkmalsschutz stehend.

Abb. 34: Tempel 43, Gebäude aus der Genrokuzeit.

Abb. 35: Tempel 43, Gebäude aus der Genrokuzeit, Seitenansicht,
im Hintergrund Giebel des heutigen Hondō.

Abb. 36: Tempel 1, Hondō, Hochdach im Stil der Tokugawazeit.

Abb. 37: Tempel 4, Hondō, häufig vorkommende Form.

Abb. 38: Tempel 13, Hondō, Durchbrechung der unteren
Dachlinie, schöne Proportionen.

Abb. 39: Tempel 46, Hondō, Anwachsen des Vordaches.

Abb. 40: Tempel 43, Hondō, Anwachsen des Vordaches noch
starker ausgesprochen, viele Bildgaben.

Abb. 41: Tempel 21, Hondō, Hervorwachsen des Frontgiebels.

Abb. 42: Tempel 75, Oku no In (Geburtsempel des Daishi),
Hondō; der Frontgiebel wächst.

Abb. 43: Tempel 88, Hondō; der Giebel erreicht beinahe die
Firstlinie.

Abb. 44: Tempel 87, Hondō und Pagode; der Giebel hat die Firstlinie erreicht.

Abb. 45: Tempel 15, Hondō, zweistöckig.

Abb. 46: Tempel 21, Daishidō.

Abb. 47: Tempel 27, Glockenturm, offene Form.

Abb. 48: Tempel 60, Glockenturm, offene Form.

Abb. 49: Tempel 51, Glockenturm, geschlossene Form, unter
Denkmalsschutz stehend.

Abb. 50: Tempel 51, dreistöckige Pagode mit zweistöckigem Niōmon, beide unter Denkmalsschutz stehend.

Abb. 51: Tempel 70, Pagode, fünfstöckig.

Abb. 52: Tempel 8, Schatzpagode.

Abb. 53: Tempel 2, kleine Steinpagode und Buddhabilder.

Abb. 54: Tempel 17, Kyōzō.

Abb. 55: Tempel 67, Galerie mit Statue des Jizō.

Abb. 56: Tempel 19, Friedhof.

Abb. 57: Tempel 79, Shintōtempeltor sehr schöner Konstruktion
vor dem Eingang; dahinter die Haupthalle des Buddhatempels.

Abb. 58: Tempel 12, Blick durch das Shintōtempeltor auf Daishi-dō und Hondō.

Abb. 59: Tempel 41, Zweites Shintōtempeltor, zwischen dem Daishidō und dem Hondō stehend.

Abb. 60: Tempel 60, Hondō, im Baustil des Shintōtempels.

Abb. 61: Aus Pilgerzetteln gefertigte Statuen des Daishi und des
Emon Saburō.

Abb. 62: Zwei Pilger aus dem Hokkaidō vor einem Laden mit Strohsandalen; neben den Sandalen hängt ein Bambusrohr, auf dem der Preis (5 sen) geschrieben steht; die Pilger nehmen die Sandalen und legen dafür den Gegenwert in das Bambusrohr. Solche Läden waren früher allgemein, auch für andere Waren; heute finden sie sich noch an manchen Plätzen im Gebirge.

Abb. 63: Mutter mit ihren Töchtern auf der Wallfart; sie pilgern nicht in weißer Tracht, im übrigen sind sie vorschriftsmäßig ausgerüstet.

Abb. 64: Drei Pilger (zwei Männer und eine Frau) aus der Periode Jōkyō, Abbildung aus Shikokudō Shinan.

Abb. 65: Dasselbe Bild aus dem Führer der Periode Bunkwa, der vorderste Pilger scheint ein Priester zu sein.

Abb. 66: Mit Pilgerzetteln behängtes Heiligtum zwischen dem 64. und 65. Tempel.

Abb. 67: Ausschnitt aus dem Daishidō des 26. Tempels.

Abb. 68: Tempel 9, Nōkyōsho.

Abb. 69: Gomen no Watashi; rechts im Vordergrunde Inoshiri in
der Nähe des 36. Tempels, gegenüber Usa.

Abb. 70: Leprakranker am Ishitetempel (Nr. 51).

Abb. 71: Tempel 66, Tsūyadō (1200 m über dem Meeresspiegel).

273

Abb. 72: Im Freien nächtigende Pilger.

Abb. 73: Daishidō des 43. Tempels mit aus Stoff genähten
Nachbildungen weiblicher Brüste.

Abb. 74: Daishidō des 44. Tempels; rechts und links je ein Krüppelwagen; neben dem rechten Stützbalken des Vordaches ein Gipsbett.

Abb. 75: Tempel 51, Ausschnitt a. d. Niōmon mit Blick auf die Pagode.

Abb. 76: Tempel 87, Niōmon mit mannslangen Strohsandalen.

Abb. 77: Binzuru des 54. Tempels; im Hintergrunde mehrere
Heiligenschreine.

Abb. 78: Tempel 42, Gyūōdō.

Abb. 79: Wegweiser des 88. Tempels mit Inschrift: Ketsugwansho,
Ort der Erfüllung des Gelübdes.

Abb. 80a: Tempel 60. Klare
Schrift, große Stempel.
1. Zeile: Kyō wo osametatematsuru.
2. Zeile: Siddhamzeichen
„vam" (japn. „ban"), Dainichi
Nyorai.
3. Zeile: Iyo Yokomineji.

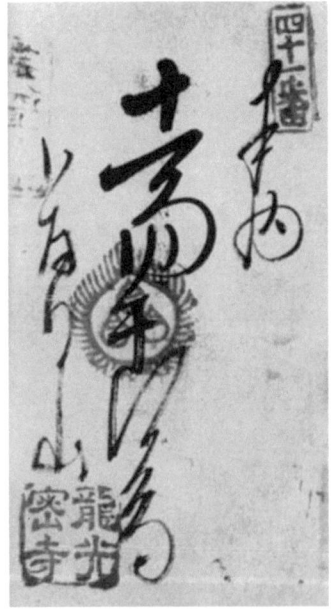

Abb. 80b: Tempel 41. Von einem
zehnjährigen Knaben geschrieben.
1. Zeile: Hōnō (osametatematsuru).
2. Zeile: Jūichimen Kanseon.
3. Zeile: Inariyama.

Abb. 80c: Tempel 42. Sehr ausgeprägte charaktervolle Schrift;
kleine Stempel. 1. Zeile: Hōnō (osametatematsuru). 2. Zeile: Honson Dainichi Nyorai. 3. Zeile: Butsumokuji.

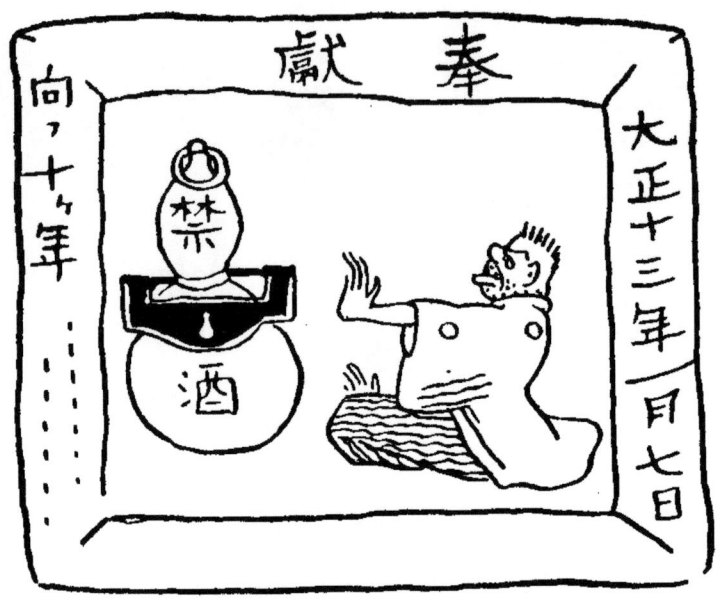

Abb. 81: Votivbild aus dem Kompiraschrein zu Kotohira. (Nach
der Reisezeitschrift „Setonaikai", März 1924, S. 47)
Inschrift: Oben wagerecht: Hōken (ergebenst geopfert). Rechts:
Taishō 13 nen 1 gwatsu nanuka (7.1.1924). Links: Mukō jūnen…
(für die künftigen 10 Jahre…). Unten: (Name des Stifters diskreter
Weise weggelassen.) Bild: Ein Mann sitzt mit abweisender Ge-
bärde vor einer Kürbisflasche, der ein großes umgehängt ist und
auf der die beiden Zeichen „kinshu" (Weinverbot) stehen. Das
Zeichen „kin" (verbieten) ist so geschrieben, daβ es gleichsam
zum streng verbietenden Gesicht der Kürbisflasche wird.
Zur Erklärung: Der Kompiraschrein, der zwar nicht zur Wallfahrt
gehört, aber doch von den meisten Pilgern besucht wird, ist der
Schrein der Seefahrer. Seekrank werden heiβt in Japanischen
„fune ni you" (vom Schiffe betrunken werden). Viele Leute tun
daher hier das Gelübde, künftig vom Weine nicht mehr betrunken zu werden, in der Hoffnung, daβ sie dann durch die Gnade
des Kompira auch vom Schiffe nicht mehr betrunken werden.

Abb. 82: Zettel eines Pilgers Names Takatsuki, der die Wallfahrt zum 12. Male macht, wie oben handschriftlich hinzugefügt ist. Das Zeichen im Kreis, „kyo", ist rot, im übrigen ist der Zettel schwarz und weiß.

Abb. 83: Zettel einer Gemeinschaft aus Tokyo, der Kōseikō, mit Namen und Wohnort der an der Wallfahrt teilnehmenden Mitglieder; in der Mitte die Zeichen Hōnō (ich stifte oder wir stiften), eine Abbildung des Dreizacks, die Zeichen „Namu Daishi Henjō Kongō" und der Name der Gemeinschaft sowie des Stifters derselben. Randleisten Schwarz und lila, an vier Stellen rote Schrift.

Abb. 84: Zettel eines Herrn Hamamura aus Kyoto; die Kanazeichen „ha, ma, mu, ra" bilden die Konturen des Gesichts.

282

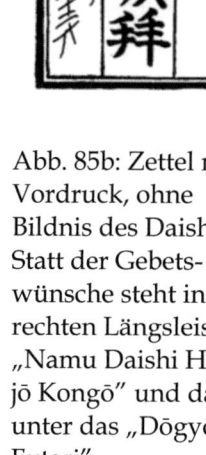

Abb. 85a: Ein ganz mit der Hand geschriebener Zettel, der die vorgeschriebenen Maße zeigt. Gebetswünsche, wie „Großer Friede unter den Himmeln" fehlen; in der Mitte ist eine rote Swastika aufgedruckt.

Abb. 85b: Zettel mit Vordruck, ohne Bildnis des Daishi. Statt der Gebetswünsche steht in der rechten Längsleiste „Namu Daishi Henjō Kongō" und darunter das „Dōgyō Futari".

Abb. 85c: Zettel mit Vordruck und Bildnis des Daishi. Rechts und links oben stehen die Wünsche „Großer Friede unter den Himmeln" und „Gedeihen der 5 Getreidearten", in der Mitte rechts „Friede und Sicherheit der Familie."

283

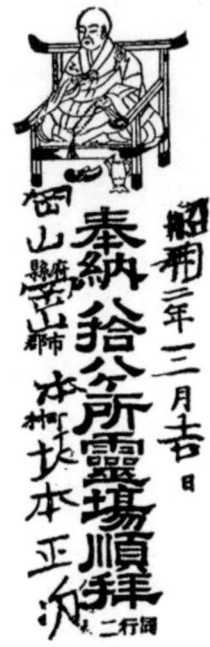

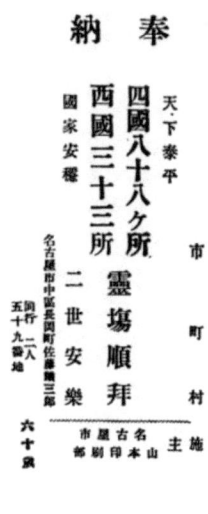

Abb. 85d: Von ei-
nem für den betref-
fenden Pilger eigens
angefertigten Holz-
stock gedruckter
Zettel eines 70 jähri-
gen Mannes, der für
sich und seine ver-
storbene Frau die
Wallfahrt macht; er
schreibt deshalb
„Dōgyō Sannin"
(Wallfahrt zu drei-
en) anstatt des übli-
chen „zu zweien".

Abb. 85e: Roter Zet-
tel eines die Wall-
fahrt zum mehr als
siebenten Male ma-
chenden Pilgers.

Abb. 85f: Grüner
Zettel eines Pilgers,
der die Shikoku-
Wallfahrt mit der
Saikoku-Wallfahrt
verbindet. Auf dem
Zettel unten steht
„Seshu: Nagoya-shi
Yamamoto Insatsu-
bu"; die Zettel sind
also als „settai" von
der Druckerei Ya-
mamoto in Nagoya
gestiftet. Einen ähn-
lichen Vermerk fand
ich noch bei anderen
Zetteln.

Abb. 86: Bildnis des Kōbō Daishi, darüber Dainichi Nyorai. (Nach einem im Besitze meines Bruders in Osaka befindlichen Holz-stock).

Abb. 87: Zaubersegen des Butsubokuji, gedruckt nach einem Holzstock aus der Periode Genroku. Der Segen hat die Größe eines Hanshi-Bogens.

石鉄山

石鉄山横峯寺

Abb. 88: Zaubersegen des Yokomineji.